Hans von Zwiedineck-Südenhorst

Venetianische Gesandtschaftsberichte über die Böhmische Rebellion 1618-1620

mit besonderer Rücksicht auf die Stellung der deutschen Länder zu derselben

Hans von Zwiedineck-Südenhorst

Venetianische Gesandtschaftsberichte über die Böhmische Rebellion 1618-1620
mit besonderer Rücksicht auf die Stellung der deutschen Länder zu derselben

ISBN/EAN: 9783743662773

Hergestellt in Europa, USA, Kanada, Australien, Japan

Cover: Foto ©ninafisch / pixelio.de

Weitere Bücher finden Sie auf **www.hansebooks.com**

VENETIANISCHE GESANDTSCHAFTS-BERICHTE

ÜBER DIE

BÖHMISCHE REBELLION

(1618—1620)

MIT BESONDERER RÜCKSICHT AUF DIE STELLUNG
DER DEUTSCHEN LÄNDER ZU DERSELBEN

MITGETHEILT

VON

H. VON ZWIEDINECK-SÜDENHORST.

GRAZ.

VERLAG VON LEUSCHNER & LUBENSKY

K. K. UNIVERSITÄTS-BUCHHANDLUNG

1880.

Buchdruckerei Styria in Graz.

In den sechs Jahrhunderten, welche seit der Begründung der Habsburgischen Hausmacht im Donauthale und in den östlichen Alpenländern verflossen sind, hat es wenige Epochen gegeben, welche für die Geschicke unserer Dynastie und unseres Staatswesens von grösserer Bedeutung gewesen wären, als die Zeit vom Ausbruche der böhmischen Rebellion bis zur Niederwerfung derselben in der Schlacht am weissen Berge. Innere und äussere Verhältnisse vereinigten sich, um die Resultate hundertjähriger Bemühungen in Frage zu stellen, die Keime eines zur Nothwendigkeit gewordenen neuen Staatsgefüges zu vernichten und die destructiven Tendenzen in der gefährlichsten Weise zu fördern; in fast wunderbarer Weise gelang es der unerschütterlichen Festigkeit und Ausdauer Ferdinand II., die Einheit des Habsburgischen Länderbesitzes, zu dessen Träger er durch die Uebereinstimmung aller Prinzen der deutschen Linie berufen worden war, gegenüber allen Trennungs- und Zerstückungsversuchen aufrecht zu erhalten.

Mitten in einer ganz Europa durchzuckenden Bewegung stehend, in welcher der Protestantismus im Bunde mit der ständischen Autonomistenpartei um die politische Macht rang, von particularistischen Tendenzen in Ungarn und Böhmen ebenso, wie von der deutschen Union bedroht, dabei ohne ausreichende Geldmittel und Truppen, auf die gnädige Unterstützung Spaniens und des Papstes angewiesen, und in steter Gefahr, dass sich die Zahl seiner Feinde noch vermehren könne, hielt Ferdinand mit dem Katholicismus zugleich den Staatsgedanken aufrecht. Denn damals klammerte sich ja die Hoffnung der katholischen Partei an die Grösse und Einheit der »Casa d'Austria« und je mehr die protestantischgesinnten Ständemajoritäten sich der föderativen Einigung der österreichischen Länder hinneigten, um so bereitwilliger vertraten die Katholiken die Rechte der Dynastie und die Nothwendigkeit einer Centralisation der Regierung. Die Stärke der Allianz zwischen den Habsburgern und dem Katholicismus liegt in der Uebereinstimmung der beiderseitigen Interessen. Seitdem Rudolf I. die alte Kaiserpolitik preisgegeben, den staufischen Tendenzen ein für allemal entsagt hatte, um Gregor X. von der Parteinahme für seinen Schützling Ottokar von Böhmen abzuhalten, haben sich die Herren von Oesterreich und die Päpste mit seltenen Ausnahmen immer recht gut verstanden und sich gegenseitig manche Gefälligkeit erwiesen. Die Reformation hat zur Festigung dieses Einvernehmens beigetragen. Als der deutsche Professor Luther die missglückten Versuche seines tschechischen Collegen Huss wieder aufnahm, die Ideen des Christenthums von den Fesseln des hierarchischen Absolutismus zu befreien, da waren die Interessen der Familie Habsburg bereits weit über die Grenzen des deutschen Reiches hinaus in Anspruch genommen; ihr weit auseinander liegender Besitz nöthigte sie, eine universelle Politik einzuschlagen; die Könige von Spanien und Neapel konnten sich einer Geistesströmung, deren innerstes Wesen rein germanisch ist, nicht anschliessen, ohne ihre Stellung in der romanischen Welt zu gefährden; die Träger der Kaiserkrone, die gerade auf dem Haupte Karl's V. ihre alte Bedeutung wieder erlangen konnte, mussten einer Lehre entgegentreten, deren politische Consequenzen zur Stärkung jener deutschen Fürsten führten, die das Reichsinteresse längst ihrem eigenen geopfert hatten. Der Protestantismus war zu klein für das Habsburg des 16. Jahrhunderts, nur Hand in Hand mit einer ebenbürtigen Macht konnte dieses seine Ländermassen im Zusammenhange erhalten; allen provinciellen Sonderbestrebungen, allen ständischen Ansprüchen musste es entgegentreten und in diesem Kampfe stellte ihm die katholische Kirche ihre geistigen Waffen zur Verfügung, deren es nicht entrathen konnte. Die Kirche wieder sah in der habsburgischen Hausmacht, in der festen Vereinigung der deutschen Länder dieser Familie ihr stärkstes Bollwerk. Erst seitdem die religiösen Ideen im Völkerleben an Kraft verloren haben, seitdem die Dynastien ganz anderer Mittel bedürfen, um sich den Völkern nothwendig zu machen, ist das Interesse der katholischen Kirche für die österreichische Centralgewalt geschwunden. Der moderne, constitutionelle Einheitsstaat ist nicht mehr jener verlässliche und dankbare Bundesgenosse, wie das dynastische Regiment der früheren Jahrhunderte — daher ist es gekommen, dass die Kirche, welche die Staatsformen nur nach dem Maße ihrer Assimilationsfähigkeit an die Hierarchie beurtheilt, heute an der Seite ihrer ehemaligen Gegner unter dem erschlichenen Titel des »Rechtes« gegen denselben Staat kämpft, an dessen Gründung sie lebhaften Antheil genommen.

In dieser Periode der Gründung des österreichischen Staates gibt es kein wichtigeres Ereigniss als den Sieg der Dynastie über die böhmische Rebellion. Nur der gebändigte böhmische Löwe liess sich den Interessen der Habsburger dienstbar machen, nur auf den Trümmern des böhmischen Staates konnte Oesterreich erstehen, jenes Oesterreich, welches die Habsburger geschaffen haben und mit dem ihre Grossmacht steht und fällt.

Welche Tendenzen zu jener Rebellion geführt haben, warum die Böhmen die Dynastie entsetzt haben und wie diese sich die Länder der böhmischen Krone wieder erobert hat, ist in den letzten Jahrzehnten Gegenstand der eifrigsten Untersuchung berufener Forscher gewesen; der Zusammenhang der Thatsachen ist im Grossen und Ganzen sichergestellt. Es fehlt jedoch nicht an Fragen, deren Beantwortung noch immer wenig befriedigt; es fehlt nicht an Lücken und Einseitigkeiten in der Erzählung und Darstellung jener Begebenheiten, bei deren Erklärung wir häufig noch Vermuthungen aussprechen und den Mangel ausreichender Nachrichten bekennen müssen.

Ganz besonders gilt dies von der Haltung der Bevölkerung von Wien und der österreichischen Stände während der beiden Belagerungsversuche und von der Haltung der innerösterreichischen Protestanten, die gewiss ausschlaggebend genannt werden muss.

Wenn es auch das Oberhaupt der katholischen Liga, Herzog Maxmilian von Baiern war, der am weissen Berge bei Prag das Commando führte, wenn es auch päpstliches, spanisches, florentinisches Geld war, mit dem seine Fähnlein gezahlt wurden, die ihrer nationalen Abstammung nach eine Musterkarte europäischer Völker darstellten, wenn in der entscheidenden Action selbst den deutschen Ländern nicht jener hervorragende Antheil zukommt, den sie in der Marchfeldschlacht mit Recht für sich beanspruchen können — so wird eine aufmerksame Untersuchung doch jedem Unbefangenen die Ueberzeugung verschaffen, dass ihr Verhalten in jenen bewegten Tagen nicht gleichgültig gewesen sein kann, dass eine offene Parteinahme, ein Losschlagen zu Gunsten des Winterkönigs die Monarchie in Frage stellen musste. Es kann daher kaum für nutzlos erachtet werden, wenn wir über die in Rede stehenden Vorgänge die Berichte von Augenzeugen vernehmen, die vermöge ihrer Stellung nicht nur die Pflicht hatten sich allseitig zu informiren, sondern denen auch die besten Quellen zur Verfügung standen und die in ganz eminenter Weise befähigt waren, Alles, was sich in ihrer Umgebung abspielte, richtig zu beurtheilen.

Es sind dies die Botschafter und Agenten der Republik Venedig, deren Correspondenz bis jetzt theilweise unberücksichtigt geblieben ist, obwohl sie an Vollständigkeit und Umfang von keiner anderen erreicht wird. [1]

Die venetianische Diplomatie war in den Zeiten der Grossmachtstellung der Republik, zu welchen die erste Hälfte des 17. Jahrhunderts unstreitig gerechnet werden muss, die bestgeschulte und strengstüberwachte in Europa. Männer von Talent und reicher Erfahrung, zum grossen Theile aus Familien, die seit Jahrhunderten an der Leitung der öffentlichen Angelegenheiten ihres Vaterlandes den regsten Antheil

---

[1] Herrn Sectionsrath Fiedler's Publication der »Final-Relationen der Botschafter Venedig's über Deutschland und Oesterreich im siebzehnten Jahrhundert,« welcher das Unternehmen der Herren Berchet und Barozzi in Bezug der übrigen europäischen Staaten nachstrebt, hat die Bedeutung der diplomatischen Acten der Venetianer bereits in's glänzendste Licht gestellt; sie hat jedoch das Studium der Detailrelationen nicht entbehrlich machen können, da jene in knapper Form die allgemeinen Zustände grösserer Zeiträume schildern, auf bestimmte Ereignisse jedoch fast niemals eingehen.

genommen hatten, waren mit der Vertretung desselben an den hervorragendsten Höfen betraut; sie erhielten eine entsprechende Vorbildung und waren genöthigt, eine sehr regelmässige Stufenleiter ihrer Verwendung einzuhalten, die nicht unterbrochen oder verkürzt werden konnte. Ihre Berichte, die an den Dogen adressirt, jedoch zur Verlesung im Collegium für geheime politische Angelegenheiten (einer Commission des Senates) bestimmt waren, gehen mit der grössten Regelmässigkeit wöchentlich an ihre Behörde ab, bei wichtigen Vorfällen werden sie ohne Verzug durch ausserordentliche Couriere befördert; sie enthalten neben den detailirtesten Erzählungen der Vorgänge auch zusammenfassende Betrachtungen und Urtheile in präciser Fassung und einem correcten Style, der sie äusserst wohlthuend von den so schwer verständlichen, durch einen häufig höchst confusen Satzbau entstellten Actenstücken aus deutschen Kanzleien unterscheidet. Sie enthalten Auszüge aus politischen und geschäftlichen Correspondenzen, welche von den venetianischen Geschäftsträgern theils selbst unterhalten, theils ihnen von Angehörigen ihres Staates zur Verfügung gestellt wurden, die ja ihre Handelsverbindungen in aller Herren Länder ausgedehnt hatten. Dabei befleissen sie sich fast durchweg der strengsten Wahrheitsliebe und Leidenschaftslosigkeit; denn den praktischen Politikern von San Marco war es nicht um Schmeicheleien und angenehme Täuschungen, sondern darum zu thun, über die thatsächlichen Verhältnisse auf das Genaueste unterrichtet zu sein.

Am Hofe des Kaisers Mathias befand sich Zorzi (Giorgio) Giustiniani bereits im zweiten Triennium seines Gesandtschaftsdienstes daselbst, als die böhmischen Unruhen ausbrachen. Da in der Regel die Gesandten der Republik alle drei Jahre ihre Posten zu wechseln pflegten, beweist schon dieses Abgehen von der Gewohnheit, dass man in Venedig mit diesem Diplomaten sehr zufrieden war und dass er es auch in Wien verstanden haben muss, sich eine geachtete Stellung und ein gewisses Vertrauen zu wahren. Dies war um so schwieriger und spricht für seinen politischen Tact, da seine Thätigkeit ja gerade in eine Zeit fiel, in welcher die seit Langem bestehende Spannung zwischen der Republik und dem Hause Oesterreich durch die Uskoken-Angelegenheit zu einem offenen Conflicte gesteigert worden war, der endlich den Krieg mit Erzherzog Ferdinand von Innerösterreich herbeigeführt hatte. Giustiniani blieb auch nach dem Tode des Kaisers noch bis Ende 1619 in Wien, während seiner öfteren Erkrankung vertrat ihn sein gewandter Secretär M. Ant. Padavin und nach seiner Abreise übernahm bis zur Ankunft des neu gewählten Gesandten Pietro Gritti der Secretär Valerio Antelmi die Geschäfte.

Die amtlichen Schreiben (Dispacci) der Genannten an die Republik sind bis auf eine, freilich sehr empfindliche Lücke (August 1620 bis Februar 1621) vollständig erhalten [2]) und von mir eingesehen worden.

Geschah das Letztere anfänglich auch nur in der Absicht, Ergänzungen zu meinen Studien über die Politik Venedigs im Zeitraume des dreissigjährigen Krieges zu ge-

---

[2]) Im kaiserlichen Haus-Hof- und Staatsarchiv zu Wien »Dispacci di Germania« Fasc. 56 u. ff. Für die ganz besonders gütige Zuvorkommenheit, mit welcher mir Herr Hofrath Ritter von Arneth die Benützung derselben erleichtert hat, erlaube ich mir auch an dieser Stelle noch meinen aufrichtigsten, tief gefühlten Dank auszusprechen.

winnen, so fand ich mich doch bald von der Behandlung der das Verhältniss zwischen Oesterreich und der Republik gerade nicht näher berührenden Angelegenheiten ausserordentlich angeregt und wendete den »Dispacci« eine grössere Aufmerksamkeit zu, als ich ursprünglich beabsichtigt hatte. Ich gewann dabei die Ueberzeugung, dass unter den Notizen der venetianischen Gesandten, die in ihrem vollständigen Zusammenhange nahezu eine Zeitgeschichte repräsentiren, welche selbst mit Abschriften besonders wichtiger Actenstücke und Urkunden ziemlich reichlich ausgestattet ist, sich viel Mittheilenswerthes vorfindet. Besonders gilt dies von jenen Berichten, die sich auf Ereignisse beziehen, von welchen die Verfasser der Berichte aus unmittelbarster Nähe sich Nachrichten verschaffen konnten, oder die sie selbst mit erlebt haben; auch manche Stimmungsberichte schienen mir sehr instructiv, da sie zum Theile Zustände berühren, welche ihrer Natur nach in anderen Actenstücken keine Erwähnung finden konnten. Wenn ich mir nunmehr erlaube, in den nachfolgenden Blättern eine Reihe solcher Mittheilungen zusammenzustellen, so glaube ich hoffen zu dürfen, dass dieselben als Beiträge zur Geschichte des dreissigjährigen Krieges und einer für Jahrhunderte entscheidenden Entwicklungsphase unseres Staates einiges Interesse beanspruchen können.

Ich muss mich selbstverständlich darauf beschränken, in erzählender Form aus den Briefen Dasjenige zusammenzufassen, was mir für die abgegrenzte Periode in Anbetracht des bereits Veröffentlichten und Bekanntgewordenen noch bemerkenswerth erscheint. Ich werde, wo mir die Ausdrucksweise charakteristisch erscheint, einzelne Stellen dem Wortlaute nach citiren, mich in der Reproduction vollständiger

Actenstücke jedoch auf das bescheidenste Mass beschränken. Dieses Verfahren, welches mir für die Darstellung geschichtlicher Forschungen im Gebiete der Neuzeit ohnehin das normale zu sein scheint, wurde im vorliegenden Falle das einzig mögliche, da nur sehr selten ganze Briefe den Gegenstand behandeln, den ich erwähnen will, dagegen sehr häufig kurze Bemerkungen, zwischen andere Mittheilungen eingestreut, nicht übergangen werden durften.

Die Zahl der Briefe anzugeben, welche ich gelesen und zum Theil berücksichtigt habe, vermag ich nicht mit ziffermässiger Genauigkeit, doch lässt sich dieselbe annähernd beurtheilen, wenn man in Betracht zieht, dass die venetianischen Gesandten mit jeder »Ordinari-Post«, die Woche für Woche von Wien über Ponteba nach Oberitalien, Florenz und Rom abging, durchschnittlich drei Berichte zu expediren hatten, wozu dann eine nicht unerhebliche Zahl zu rechnen ist, die mit »Extraordinari-Gelegenheit« abging.

Dies waren oft kaiserliche Couriere, welche zugleich Packete für die venetianische Regierung mitnahmen, die dann an die Rettori von Verona zur Weiterbeförderung abgegeben zu werden pflegten, bisweilen auch eigene Couriere im Solde der Republik.

Ueber die Beziehungen Venedig's zu den Vorgängen in Oesterreich und deren Rückwirkung auf die venetianische Politik werde ich in einer umfassenderen Arbeit zu sprechen Gelegenheit haben, weshalb ich alles darauf Bezügliche in dem vorliegenden Aufsatze, der die »Dispacci di Germania« nur als Quelle für die österreichische Geschichte verwerthet, unberücksichtigt lasse.

Nachdem die böhmischen Malcontenten am 23. Mai 1618 nach »altböhmischer Sitte« den definitiven Bruch mit der regierenden Dynastie declarirt hatten, war es für die letztere eine Lebensfrage, ob sie einmüthig und entschlossen den ihr aufgedrungenen Kampf aufnehmen, oder durch Uneinigkeit den Feinden abermals in ähnlicher Weise Vorschub leisten würde, wie es zur Zeit des Bruderzwistes der Fall gewesen war. —

Hatte das Verhältniss zwischen Mathias und Ferdinand auch lange kein feindliches Gepräge, so gab es doch zu Differenzen Anlass, die sich in dem Augenblicke der Gefahr leider in bedenklicher Weise steigerten, weil des Kaisers einflussreichster Rathgeber, Cardinal Klesel, sich nicht entschliessen konnte, die Pfade der Verschleppung und Intrigue zu verlassen, auf welchen er seit sechs Jahren das Ideal der Staatskunst gefunden zu haben glaubte. Dass Ferdinand und seine Räthe die Bedeutung des Momentes für ihr Haus sofort erkannt hatten und selbst einen Gewaltact nicht scheuten, um dasselbe vor Schaden zu behüten, lieferte den Beweis, dass sie den sie erwartenden Kämpfen gewachsen waren, dass sie an Energie ihren Feinden zum mindesten nicht nachstanden, wenn sie sich auch im Ausdrucke derselben etwas feinerer Formen bedienten.

König Ferdinand wurde zum Sturze und zur Gefangennahme Klesel's durch Motive gedrängt, denen sich nicht widerstehen liess. Giustiniani berichtet an dem Tage vor der Katastrophe, dass Ferdinand, verletzt durch die Ränke, deren man sich bediente, sich habe nach Graz zurückziehen und dadurch jede Verantwortung von sich habe abwälzen wollen (levarsi le mani di tal affare). Es sei nämlich offenkundig gewesen, dass Klesel durch die Einsetzung des Rathes für die böhmischen Angelegenheiten dem Könige Ferdinand und Erzherzog Maxmilian nur scheinbar einen gewissen Einfluss auf diese wichtige Frage einräumen, in der That aber die Entscheidung sich allein vorbehalten wollte. Denn er hatte es unter den verschiedensten Vorwänden abgelehnt, sich selbst an den Berathungen zu betheiligen. Eggenberg verhinderte die Abreise Ferdinands, indem er seinem königlichen Herren und Freunde auseinandersetzte, dass schliesslich doch alles Uebel, das er geschehen lasse, auf sein Haupt falle.

Ferdinand entschloss sich, in Wien zu bleiben mit der Absicht, die Macht, welche bis jetzt der Cardinal ausübte, nach und nach in seiner Hand zu vereinigen.

Die näheren Umstände bei der Gefangennahme Klesel's, welche Giustiniani natürlich mit möglichster Ausführlichkeit an die Signoria meldet, glaube ich übergehen zu dürfen, da Hammer-Purgstall selbst sechs Briefe Giustiniani's aus jener Zeit veröffentlicht hat. [3]) Ueber die politische Tragweite des Schrittes war Giustiniani keinen Augenblik in Zweifel. Er weiss, dass dadurch der Krieg mit den Böhmen entschieden wurde, »wer früher dagegen war, schweigt jetzt oder wälzt alle Schuld auf den Cardinal.« [4]) Giustiniani sieht aber auch

---

[3]) Klesel's Leben, 4. Bd. Urk.-Sammlg. Berichte vom 21., 25., 28., 29., 30. Juli, 8. August 1618.
[4]) »Ogniuno fà legno dell' arbore caduto, come é costumi delli huomini in casi tali, massime contra chi hà havuto la potestà et il governo.«

die Gefahren sehr genau, welche dieser Krieg mit sich bringt, er macht schon im Juli 1618 seine Regierung darauf aufmerksam, dass durch die Vorgänge in Böhmen auch andere Provinzen in Aufregung versetzt würden und dass sich eine Conföderation aller protestantischen Stände gegen die katholische Dynastie anbahnt. [5]

Als im November d. J. Ferdinand's aufrichtigster Freund und kräftigste Stütze unter den Mitgliedern seines Hauses, Erzherzog Maxmilian, starb, sprach sich Ferdinand selbst gegen Giustiniani bei dessen Beileidsvisite über die Bedeutung dieses Ereignisses aus. »Mit einem Seufzer versicherte er, dass er den grössten Freund und Wohlthäter verloren, den er auf dieser Welt gehabt habe und auf den er am sichersten habe bauen können. Er hoffe jetzt auf seine Vermittlung im Himmel, wo er sich seines guten Lebens und Sterbens wegen befinden werde. Es sei dies in so mühevollen Zeiten sehr nöthig, in welchen der Teufel entfesselt zu sein scheine.« Diese Worte soll Ferdinand mit einem Tone gesprochen haben, welcher den Beweis lieferte, dass sie ihm aus dem Herzen gekommen waren. [6]

Damals schon hatte Giustiniani von dem Plane der österreichischen Regierung Kenntniss, durch Gebietsabtretungen an den Herzog von Baiern sich die Mittel zur Kriegführung zu verschaffen. Man wollte die Besitzungen des Markgrafen von Burgau [7] um 4 Millionen an Maxmilian von Baiern verkaufen, auch die Güter des verstorbenen Erzherzog Maxmilian

---

[5] Bericht vom 20. Juli 1618.
[6] Bericht vom 2. November 1618.
[7] Karl von Oesterreich, Markgraf von Burgau, zweiter Sohn Erzherzog Ferdinand's von Tirol und der Philippine Welser.

zu Geld machen und mit dem Erlöse den Krieg führen. Der trostlose Zustand der kaiserlichen und königlichen Finanzen war für den venetianischen Diplomaten natürlich kein Geheimniss und dieser berechtigte ihn zu den düsteren Schilderungen der Lage der Dinge in Wien, welche wir zu Ende des Jahres 1618 in seinen Berichten finden.

»Die Angelegenheiten Ferdinand's«, schreibt er am 1. December, »sind in einer Verfassung, dass eine Besserung nicht abzusehen ist; dies rührt nicht nur von der Unzulänglichkeit der eigenen Kräfte und dem Unvermögen, sie zu vermehren, sondern auch von dem schlechten Einvernehmen der Minister her. Daraus lässt sich die Klugheit des Cardinal Klesel klar erkennen, der die Confusion vorausgesehen hat und vermeiden wollte. Dies liegt auch dem Kaiser am Herzen und es wurde dieser Tage erzählt, wenn dieser jetzt, nach dem Tode Maxmilian's, ein Wort an König Ferdinand wegen des Cardinals Befreiung richten würde, so könnte er sie erreichen.«

»Ma si tiene per difficile, anzi doppo la detta morte é stato maggiormente si stretto.« Da man den Krieg nicht führen könne, so würde endlich doch nichts anderes übrig bleiben, als ein Ausgleich (accomodamento) mit den Böhmen. »Es stellt sich jeden Tag deutlicher heraus«, heisst es am 22. December, »dass man es mit einer allgemeinen Verschwörung und Erhebung aller Provinzen zu thun hat, welche, wie mir Eggenberg sagte, voll Verdachts sind, dass sie unter der Regierung des Königs Ferdinand ihrer Religion wegen verfolgt werden; sie wollen ihn durch Bedingungen so einengen, dass sie sicher seien und erklären daher auch schon jetzt ganz offen, dass die ganze Bewegung nur gegen Ferdinand gerichtet sei, der sich von den Jesuiten und Spaniern leiten lasse. — Vom Kaiser hingegen seien sie vollständig zufriedengestellt. Der Graf von Thurn hat dem Letzteren zu wissen thun lassen, dass die böhmische Armee immer zu seiner Verfügung stehe, er habe sie nach Oesterreich geführt zur Befreiung (sollievo) des Kaisers von denjenigen, welche unter dem Vorwande, ihm zu dienen, ihn unterdrücken.«

Giustiniani hielt, wie aus diesen Andeutungen hervorgeht, die Vermittlungspolitik Klesel's im Allgemeinen für richtig, weil er der Ansicht war, dass sich noch eine Vereinbarung erzielen lasse. Es waren ihm zwar die Beziehungen zwischen den böhmischen Rebellen und der Union nicht unbekannt, er wusste jedoch nicht, wie weit sich beide bereits gegenseitig verpflichtet hatten und dass man in Prag sich schon längst weitergehende Ziele gesteckt hatte, als die Sicherung vor der Gegenreformation.

Der Tod des Kaisers Mathias erschien ihm daher als ein grosses Unglück für das Haus Oesterreich und für Ferdinand, weil dadurch die schon angebahnte Vermittlung zwischen ihm und den Böhmen, unterbrochen wurde, [8]) welche in kürzester Zeit hätte durchgeführt werden sollen.

---

[8]) Der Meldung vom Tode des Kaisers ist ein am 23. März 1619 von Wien expedirtes Schreiben (vollständig in Chiffern) beigegeben, in welchem Giustiniani seine Auffassung folgendermassen präcisirt: »Non poteva la sua morte cader in tempo più inoportuno et pericoloso per la sua Casa et per il Rè Ferdinando, cosi per le cose di Bohemia, come per la sua elettione all' Imperio, nell' una et l'altra de quali si vengono à far per lui le difficoltà grandissime: cadendo massime per la detta morte il Vicariato dell' Imperio per la maggior parte nell' elettor Palatino principal Governatore della guerra di Bohemia et alienissimo dalla elettione di esso Rè all' Imperio, come è l'universale di quasi tutta Germania, et anco di queste hereditarie provincie

Giustiniani wusste sehr gut, dass Ferdinand in seinem Herzen gegen die Vermittlung gesinnt sei, dass er jedoch durchaus nicht die Mittel besitze, um sich durch eigene Macht die Nachgiebigkeit der Böhmen zu erzwingen, dass daher Spanien, auf dessen Hilfe seine Hoffnung beruhte, noch mehr, als es ohnehin schon der Fall war, in die Reichs-Angelegenheiten hereingezogen werden müsse. Dies war es aber, was auch Venedig am meisten zu fürchten hatte.

Für Giustiniani selbst war der Tod des Kaisers die erwünschte Gelegenheit, seine schon früher erbetene Abberufung von Wien neuerlich zu betreiben, ja gewissermassen als nothwendig und selbstverständlich hinzustellen; da er nur bei Mathias accreditirt gewesen sei, daher zu Ferdinand in keinem officiellen Verhältniss stehe. Seine Dienstzeit betrüge übrigens neun Jahre, die er ohne Unterbrechung der Republik gewidmet habe, er sei krank und bedürfe um so mehr der Erholung, als er ja wisse, dass er zum Bailo in Constantinopel bestimmt sei. Die Bitten um Abberufung wurden Monat für Monat mit grösstem Nachdrucke wiederholt; doch erst im Spätherbste konnten sie erfüllt werden. Bis dahin blieb Giustiniani in Wien der aufmerksamste Beobachter aller Vorgänge am Hofe und in der Stadt, in welcher seine Leute die besten Verbindungen hatten.

---

poco inclinato alla sua persona et piene di mali humori, in modo che per ogni verso à commun giudicio le cose per questa morte vengono à tarli per il Ré molto più difficile, restando interrotta la interpositione de Principi nominati per l'accomodamento con Bohemia et che si può credere difficoltato molto più il modo di debellarli con le armi, et posti in necessità Spagnoli, se vorran sostentar la Maessà Sua, di impiegar di modo in Germania, che forse converan lasciar di travagliar et ingelosir li altri«. . . . . . .

Die Geldverlegenheiten des Hofes waren schon in den ersten Monaten des Jahres 1619 sehr drückend für denselben; die Kleinodien, welche Mathias hinterlassen hatte, nicht so werthvoll, als man gehofft hatte. Ferdinand bemühte sich, von genuesischen Kaufleuten darauf ein Darlehen von 200.000 Gulden zu erwirken.[9] Bargeld war fast keines vorhanden.

Der Einmarsch des böhmischen Heeres unter Mathias Thurn in Oesterreich erschien Giustiniani als das Signal für die anderen Provinzen, sich den Böhmen anzuschliessen. Zum ersten Male zieht er auch Innerösterreich in seine Combination hinein und wenn er auch das Gerücht, die drei Lande wollten sich mit Venedig verbünden,[10] keiner Beachtung für werth hält, so glaubt er doch ganz bestimmt, dass auch die innerösterreichischen Länder ihre Betheiligung an der Conföderation anstreben, welche nach dem Muster der Eidgenossenschaft und der Generalstaaten errichtet und in welcher dem Hause Oesterreich nichts weiter als der Name verbleiben soll.[11]

---

[9] Bericht vom 25. Mai 1616.

[10] »Anco della Stiria, Carinthia et Carniola (in Chiffern) le quali trè provincie, è stato qui da persona diconto, considerano, che voglino et trattino di confederarsi con V. Serenitá, ma la verità è, et sempre più si scopre, che il vero et principal fine di tutte queste Provincie sia, di formar una confederatione et unione fra di esse, et ridursi à forma di governo libero, simile à quella di Svizzeri è stati Olandesi, col sottrarsi dal dominio di casa d'Austria, ò limitarlo, che non gli resta altro, che il nome«. Bericht vom 25. Mai.

[11] Nachrichten über die gleichzeitigen Vorgänge in Innerösterreich und die darauf gerichteten Pläne Christian's von Anhalt habe ich aus dem steierm. Landesarchiv, dem Münchner und Zerbster Archiv in meiner kleinen Schrift »Fürst Christian von Anhalt und seine Beziehungen zu Innerösterreich. Graz, 1874,« zusammengestellt.

Am 8. Juni meldet der Botschafter die Ankunft Thurn's vor Wien.[12]) Die Stärke seines Heeres gibt er mit 2500 Pferden, 10.000 Knechten und 12 Geschützen an, welche auf Barken über die Donau geschafft wurden, die von den mährischen Ständen heimlich zu Stande gebracht waren. In Wien herrschte grosse Bestürzung; denn man hatte die Donauübergänge für hinreichend geschützt gehalten und ausserdem geglaubt, das gleichzeitige Vorgehen Bouquoy's in Böhmen werde Thurn eher nöthigen, sich den böhmischen Grenzen, als der Donau zu nähern. Aus den umliegenden Dörfern und Vorstädten drängte sich alles Volk mit seiner besten Habe in die Stadt, in welcher Furcht und Verwirrung nicht gering waren. Auch Giustiniani erwähnt, dass sofort nach dem Donauübergange Thurn's die in Krems dislocirten Truppen nach Wien zurückberufen wurden, woraus hervorgeht, dass die vier Cornets Reiter unter Saint-Hilaire, deren Einrücken in die kaiserliche Burg am 5. Juni als eine durch die Vorsehung herbeigeführte, unerwartete Rettung Ferdinand's aus den Händen der wüthenden Protestanten ausgelegt wurde, nicht zufällig, sondern auf directen Befehl nach Wien gekommen und zum Schutze der Burg bestimmt waren. Nach Giustiniani's Erzählung war von einer Gefahr Ferdinand's an diesem Tage gar nicht die Rede.[13]) Er bemerkt im Gegentheil, dass das Einrücken der aus Krems anlangenden Reiter in der Burg das Gerücht verursacht habe, die Deputation

---

[12]) Siehe Beilage I.

[13]) Seine Erzählung stimmt ganz genau zu den Angaben des spanischen und sächsischen Gesandten, welche Gindely in seiner Geschichte des 30jährigen Krieges (II. Bd. S. 77 u. 79) citirt und die er zur Grundlage seiner Darstellung macht.

der protestantischen Stände, welche sich früher zum Könige begeben hatte, sei gefangen genommen worden. Dieses Gerücht habe einen kleinen Tumult verursacht, der jedoch alsbald beendigt war, als man die Stände gleich darauf aus der Burg kommen sah. Wohl aber war es Giustiniani bekannt, dass man bei Hof in grosser Besorgniss war, die Protestanten würden sich eines Stadtthores bemächtigen und Thurn hereinlassen. Tag und Nacht zogen die königlichen Truppen durch die Strassen der Stadt, 2000 Knechte und 700 Reiter,[14]) welche die gesammte Macht repräsentirten, über die Ferdinand im Augenblick verfügen konnte. An die Möglichkeit, dass Thurn die Stadt mit Gewalt nehmen könnte, glaubte Giustiniani nicht, er muthet auch Thurn gar nicht zu, dass er dies erwartet habe. Seine Aufgabe sei es nur gewesen, einen Theil der aus Flandern kommenden Hilfstruppen von Böhmen abzulenken. Diese Ansicht habe auch Eggenberg ausgesprochen, welcher den Grafen als einen sehr tapferen und klugen Soldaten bezeichnete. König Ferdinand hat von Bouquoi allsogleich Hilfe verlangt, die von dem bei Passau lagernden Volke entsendet werden solle, um Wien zu entsetzen, und somit war Thurn's Hauptzweck erreicht.

Einen zweiten suchte man iedoch darin, dass Thurn beabsichtigte, sich mit seinen Glaubensgenossen in Inner-Oesterreich in directe Verbindung zu setzen, unter denen er ja eine grosse Verwandtschaft besass. Ferdinand sendete sofort einen Courier an den Landeshauptmann von Steiermark, damit er sich der in das Land führenden Pässe ver-

---

[14]) Gindely schätzt die Wiener Garnison am 5. Juni auf nahezu 4000 Mann, die sich durch die Zuzüge aus Passau auf 6000 erhöht haben sollen.

sichere. In dieser Beziehung waren zwar schon seit dem ersten Einfall Thurn's in Niederösterreich Vorkehrungen getroffen worden, die steirischen Verordneten hatten im Einverständniss mit der innerösterreichischen Regierung beschlossen, die Bewachung der Pässe und »gute Correspondenz« mit den Nachbarn einigen an der Gränze angesessenen »gutgesinnten« Landständen, den Prälaten von Neuberg, Admont und St. Lamprecht und Herrn von Stubenberg aufzutragen, auch waren Mandate an die an der ungarischen Gränze situirten Hauptleute und Rittmeister der Landschaft ergangen, durch welche ihnen, ohne des böhmischen Wesens Erwähnung zu thun, Vorsicht und Wachsamkeit eingeschärft wurde — die momentan drohende Gefahr erforderte jedoch besondere Massregeln und die Absendung des gedachten Couriers hatte wohl den Zweck, den Landeshauptmann Sigmund Friedrich Freiherrn von Herberstein auf dieselbe besonders aufmerksam und für die Sicherheit des Landes verantwortlich zu machen. Wir werden noch Gelegenheit haben, auf die grosse Bedeutung, welche diesem Manne in der ganzen Zeit zukam, besonders hinzuweisen.

Im weiteren Verlaufe seines Berichtes bestätiget Giustiniani, dass die Forderung der akatholischen Stände, Ferdinand möge die Jesuiten ausweisen, den heftigsten Widerstand hervorrief und dass trotz der unausgesetzten Verhandlungen eine günstige Uebereinkunft gerade deswegen nicht zu erwarten sei. Ferdinand habe zwar schon Fouriere nach Frankfurt geschickt, um für ihn Quartier zu machen, noch könne er denselben jedoch nicht folgen, sondern müsse warten, bis Thurn wieder abzieht.

Eine Nachschrift von demselben Datum, wie der eben scizzirte Brief, gibt Nachricht von den Ergebnissen der Unterredung zwischen der protestantischen Ständedeputation und dem Grafen von Thurn, zu welchem sie sich mit Zustimmung Ferdinand's begeben hatte. Bei dieser Gelegenheit wurde die Einberufung eines allgemeinen Ständetages in Prag für den 15. Juni besprochen, welcher den Zweck haben sollte, die Conföderation möglichst zu kräftigen und die Bedingungen festzustellen, nach welchen sich das Verhältniss der Provinzen zum Hause Oesterreich zu gestalten habe. Dabei werde der Name des Königs Ferdinand gar nicht genannt. Noch sei eine Einigung mit diesem nicht erzielt, die Protestanten wollen jedoch die Zeit ausnützen und den nächsten Tag mit den Unterhandlungen fortfahren.

In den nächsten Tagen erkrankte Giustiniani und da er auch die Nachricht von dem Tode seines Bruders erhielt, bestürmte er neuerlich Dogen und Rath, ihn von Wien abzuberufen. Während seiner Krankheit verfasste sein Secretär Marc 'Antonio Padavin die Berichte.

Er meldet am 15. Juni, dass sich Thurn am 12. nach Herbersdorf zurückgezogen habe, mit dem Rücken gegen Ungarn, um gedeckt zu sein.

Als Ursache gebe man an, dass er von der Artillerie und Cavallerie zu sehr belästigt wurde, zu einer Belagerung doch nicht schreiten konnte, da er zu schwach war und an Geschützen Mangel hatte, auch die Zufuhr von Lebensmitteln nicht verhindern konnte. Von einer Verstimmung, die zwischen den protestantischen Ständen und Thurn eingetreten sei, von dessen Ausspruche »die Oesterreicher haben ihn belogen und

die Ungarn betrogen,« [15]) wissen die venetianischen Berichterstatter nichts zu erzählen, auch findet sich keine Andeutung, dass von Seite der in Wien anwesenden protestantischen Stände auch nur ein Versuch gemacht worden sei, Thurn die Bewältigung der Stadt durch eine Mitwirkung im Innern derselben zu ermöglichen. [16])
Die Frage, ob dazu auch nur eine Neigung vorhanden gewesen wäre, ob die protestantischen Herren, die doch von einem zahlreichen Gefolge begleitet waren und sich auf die Sympathieen der Mehrzahl der Einwohner stützen konnten, endlich auch über grössere Geldmittel verfügten, als Ferdinand, nur aus Furcht vor der Uebermacht der königlichen Truppen sich passiv verhalten haben, oder ob sie doch zu keinem Gewaltstreiche sich verleiten lassen, den gesetzlichen Boden nicht verlassen wollten — diese Frage wird auch von den Venetianern nicht beantwortet. Mir scheint jedoch in dem Mangel von Andeutungen über derartige Versuche und Pläne, die auch in anderen Gesandtschafts-Berichten vergeblich gesucht wurden, ein starkes Motiv zu liegen, sich der letzteren Ansicht anzuschliessen. [17])

---

[15]) Hans Ludwig von Kufstein, dessen Diarium Ad. Wolf im zweiten Bande seiner »Geschichtlichen Bilder aus Oesterreich« auszugsweise mittheilt, widerspricht darin dem Vorgeben Thurn's, die »unterennsischen« Stände hätten ihn herbeigerufen, ganz entschieden.

[16]) Khevenhiller. Ann. Ferdinand. IX. 398—99.

[17]) Nicht unerwähnt mag bleiben, dass auch die Zeitungen jener Tage, die in der Aufnahme von Gerüchten sich gewiss keine besondere Reserve auflegten, nichts Aehnliches enthalten. Die Herbstrelation Jacob Fabers, (»Historische Beschreibung der fürnehmen und denckwürdigen Geschichten, so sich . . . . hiezwischen nechst verschiener Frankfurter Ostermess 1619 biss avff diese Herbstmess begeben . . . . Gedruckt zu Heydelberg, In ver-

Die ungarische Deputation, bestehend aus vier Katholiken und drei Protestanten, hat am 10. Juni das Lager Thurn's passirt und diesen ersucht, er möge allen Personen freien Durchzug gestatten, welche wegen des ungarischen Reichstages ab und zu reisen müssten. Thurn sagte das »wegen der alten Collegialität« zwischen den beiden Staaten zu und die Deputirten überbrachten die Nachricht davon dem Könige, der jedoch von der auch ihm zustehenden Freiheit selbstverständlich keinen Gebrauch machte, sondern nur die Ankunft des Erzherzog Leopold abwartete, um sich zum Wahltage nach Frankfurt auf den Weg zu machen.

Thurn hatte die Gegend vor Wien eben deshalb nicht verlassen, weil er die bereits angemeldete ungarische Deputation begrüssen und mit derselben Verbindungen anknüpfen wollte. Nachdem ihm dies gelungen war und insbesondere

---

legung Thomas Gräven im Jahr 1619«) enthält die Mittheilung von Unterhandlungen zwischen Thurn und den Ständen, welche gleich nach seinem Anmarsche erfolgt sein sollen. »Die Ständ haben alsbald hinauss geschickt vnd den Graffen ersuchen lassen, Warumb er mit so grosser Kriegsmacht in diss Land komme, so ihme oder dem Königreich Böheim von ihnen oder der Statt Wien doch niemals kein Leid geschehen seye.« Diese Frage war, wie Gindely nachweist, der Vorwand, unter welchem die Unterhandlungen zwischen Thurn und den Protestanten mit Ferdinand's Einwilligung thatsächlich eingeleitet wurden, da dieser Zeit gewinnen wollte, um Bouquoy herbeizurufen, die Stände aber die Gelegenheit gerne ergriffen, sich auch weiter mit Thurn zu verständigen. Faber's Information muss also keine schlechte gewesen sein, seinen kurzen Angaben folgt der stets nur compilirende Lundorp in seinem »Bellum sexennale civile Germanicum« (Frankfurt, J. Theob. Schönwetter, 1623) Satz für Satz, nur in etwas breiterer Phrasierung, nicht selten auch wörtlich. Abmachungen zwischen Thurn und den Ständen, Anschläge auf Wien sind auch Faber nicht bekannt geworden. Er theilt nur Thurn's Antwort mit, die offenbar dem Könige, nicht den Ständen galt, da er sich über die Ansammlung einer Kriegsmacht in Oesterreich und die Gräuelthaten der Dampierre'schen Reiter beklagt.

die nächtliche Unterredung mit Stanislaus Thurzo [18]) die besten Aussichten auf eine Conföderation zwischen den beiden Königreichen ergeben hatte, zog Thurn nach Böhmen zurück, wo er schon ängstlich vermisst wurde. Die aus Spanisch-Flandern zu Hülfe gesendeten Truppen waren am 7. Juni in Passau angelangt und auf dem Marsche nach Budweis begriffen, um Bouquoy zu verstärken, der nun Fortschritte machen konnte, da ein vollkommen offenes, unbefestigtes Land vor ihm lag. Die von Dampierre commandirten Ungarn richteten daselbst grossen Schaden an und entfremdeten das Landvolk nur noch mehr den kaiserlichen Truppen.[19]) Dampierres Versuch, dem Rauben der Ungarn zu steuern, kostete ihm fast das Leben.

Padavin's Bericht über die Schlacht bei Zablat, den er an Stelle des noch immer kranken Botschafters schrieb, habe ich in die Beilagen aufgenommen, da er zu den bereits bekannten Darstellungen manches Neue hinzufügt.[20])

Während Ferdinand die Reise nach Frankfurt mit grosser Beschleunigung antrat (er liess sich die Kinder, weil er Graz nicht mehr berühren wollte, nach Bruck a. M. bringen, um Abschied von ihnen nehmen zu können), führte Erzherzog Leopold die Leitung der Geschäfte in Wien. Die Venetianer

---

[18]) Gindely, 30jähr. Krieg, II. 87. nach Peter Pazman's Briefen.

[19]) »Dove essendo arrivato il Dampier con gl'Ongeri ha incomminciato a far de danni assai, et ha abbrugiata una grossa Terra detta Benessai, infestando tutto il paese et havendo li detti Ongeri tolto contro raggione di guerra alcuni Cavalli et altro, et volendo il Dampier far violenza alla loro natura, che è depredare et non restituire, coll' astringerli alla restitutione, si sono sollevati contro d'esso, onde ha corso non picciolo pericolo di lasciarvi la vita.«

[20]) Siehe Beilage No. III.

bezeichnen ihn als eine weit energischere Natur, als der König war. Padavin meldet, unter dem 6. Juli, dass der Erzherzog 24 Protestanten habe einsperren lassen, welche angeklagt waren, mit vielen Anderen sechs Directoren und andere Magistrate gewählt zu haben, um sich selbst zu regieren und dem Befehle des Königs zu entziehen. Sie wurden jedoch bald wieder frei gelassen, ohne eine Strafe erlitten zu haben. Als Leopold eine Consignation aller in Wien befindlichen Waffen verlangte,[21]) verliessen die evangelischen Stände die Stadt und begaben sich auf ihre Schlösser.

Giustiniani glaubt, man habe absichtlich die schärferen Massregeln gegen die Protestanten für die Zeit der interimistischen Regierung Erzherzog Leopold's aufgespart, um für Ferdinand den Vorwurf der Härte fernzuhalten, der bei der Kaiserwahl gegen ihn ausgenützt werden könnte.[22])

Bouquoy war zu schwach, um den Vortheil, welchen er über Mansfeld bei Zablat errungen, weiter ausnützen, den Marsch gegen Prag antreten zu können. Noch bevor Ferdinand von Wien abgereist war, hatte sich Bouquoy daselbst eingefunden, um sich über die nächsten Aufgaben der königlichen Truppen zu berathen. Man beschloss, die Streitkräfte zu theilen, Bouquoy in Böhmen, Dampierre in Mähren operiren

---

[21]) Von »Ablieferung« spricht Ad. Wolf in der schon citirten Biographie H. Ludw. v. Kufstein's (Geschichtl. Bild. a. Oest. II. Bd. 261).
[22]) Bericht vom 13. Juli: ». . . . accio' occorrendo devenir à qualche violente rissolutione, contro questi sudditi, venga attribuita à sua Altezza et non a sua Maestà, la quale per la sua ellettione all' Imperio, et per altri rispetti stima suo servitio conservarsi quel nome di clemente et mansueto, che ha sempre affettato.«

zu lassen. Der Mangel an Geld und Kriegsbedürfnissen, welcher sich auf beiden Seiten gleich fühlbar machte, nöthigte die königlichen und die rebellischen Feldherrn, wie Schachspieler auf möglicherweise sich ergebende Blössen des Feindes zu lauern und sich gegenseitig Fallen zu stellen. Thurn zog vor Wien, um Bouquoy von der Richtung nach Prag abzulenken, Bouquoy wendete sich Tabor zu, um Thurn zum Rückzug nach Böhmen zu bewegen. Im Grunde wollte keiner sein Schicksal den Wechselfällen einer offenen Feldschlacht aussetzen, weil er sich auf seine Truppen nicht vollständig verlassen konnte.

Die Kaiserwahl Ferdinand's schien Giustiniani wenig gefährdet, die Schwäche der pfälzischen Politik hatte man in Wien schon durchschaut, man fürchtete eher von spanischen Intriguen eine Erschwerung der Wahlhandlung. [23]) Als jedoch Sachsen, dessen Haltung Ferdinand bei seiner Abreise von Wien noch Besorgnisse eingeflösst hatte, so entschieden für die Nichtbeachtung der böhmischen Prätensionen eintrat, galt

---

[23]) Bericht vom 13. Juli: »Va il Rè al Convento su le poste con 200 persone et con molta speranza della sua ellettione, per non scopriversi concorrenti, et per la debolezza di forze et di consiglio, che si vede nel ellettor Palatino et altri, che puono contrariarla et spera in questo mentre qualche buon sucesso del suo essercito, che gl'apporti riputatione. Gli ellettori di Sassonia et Brandenburgh non sarranno in persona al Convento, ma suoi Deputati, da che è nata qualch' ombra nell' animo del Rè et particolarmente di Sassonia, che non camini con quella sincerità verso di lui, che mostrava prima, et anco corsa qualche voce, che l'Arciduca Alberto prettendi alla Corona Imperiale et che Spagnuoli, con dissegno di farla doppo lui pervenir nel Rè Cattolico, sian per favorirlo, ma io sin hora non vi trovo susistenza. L'ultime lettere dell' Imperio portano, che l'ellettor Palatino dovea abbocarsi con quel di Magonza, il Rè stà con molta sospensione aspettando aviso della cagione et essito di tal abbocamento.«

die Wahl als entschieden. Giustiniani hält hiebei seine schon einmal früher ausgesprochene Ansicht aufrecht, dass die Kurfürsten für ihre Bemühung zu Gunsten des Hauses Habsburg Gegenleistungen von Seite Spaniens verlangten.[24]) Dagegen wurde dem venetianischen Botschafter die Gefahr, welche von Ungarn drohte, bei den ersten Nachrichten über die dortige Erhebung sehr fühlbar. Schon am 14. September drückt er die Befürchtung aus, dass die Ungarn vor Wien rücken oder wenigstens durch Verhinderung der Zufuhr diese Stadt in den Zustand einer Belagerung versetzen werden. Bouquoy könne ohne grosses Risico den Vormarsch gegen Prag nicht unternehmen, Dampierre komme gegen die Mährer nicht auf und von der zu Frankfurt beschlossenen Vermittlung, welche die Kurfürsten im November zu Regensburg zwischen dem Kaiser und den Böhmen versuchen wollten, sei nichts zu erwarten. Denn die Böhmen und die anderen Provinzen sind einmal entschlossen, dem Kaiser mit den Waffen Widerstand zu leisten und geben sich nunmehr der Hoffnung hin, **dass in Folge der Rebellion in Ungarn auch Steiermark, Kärnten und Krain sich der Erhebung der anderen Provinzen anschliessen werden.**[25]) Diese Aeusserung stimmt sehr

---

[24]) Bericht vom 31. August: »Per l'assenso et il voto cosi pronto di Sassonia et degl' altri Secolari nella persona del Rè, che prima se ne mostravano alieni, si discorre, che l'accomodamento habbia à seguire con molto vantaggio'de Boemi et de Protestanti in Germania per le cose che prettendono, et de prima siano li predetti ellettori sopra d'esse secretamente conventi col Rè, ma piú si verifica quel, che ho gia scritto, che l'allienatione mostrata da essi da Ferdinando sia stata per vender piú cara a Spagnoli la sua ellettione.«

[25]) Bericht vom 14. September: »L'accomodamento col mezo delli

auffallend zu jenem Briefe Andreas Ungnad's an Tschernembl vom 28. Juni, in welchem von einer »bewussten impresa« gesprochen und dann hinzugesetzt wird: »Er (Herr Balthasar Galler) vermelt, die Steyrer seyn meistentheils resolvirt, da die Ungern einfallen, sich denselben zu geben, obs aber wahr ist, weiss ich nicht...... Ich meine, wenn die Ungern an der Steyrischen Gränz was tentirten, es wurde dem Gegentheil dadurch der Compass sehr verrückt werden.«[26]) Die Stellung, welche die ungarischen Insurgenten bei Comorn nahmen, gibt ebenfalls Anlass zu der Annahme, dass sie von dort nach Steiermark streifen wollen.[27])

Giustiniani hatte endlich nach vielem Drängen die Erlaubniss zur Rückkehr nach Venedig erhalten und war eben in vollster Rüstung zur Abreise begriffen, als er den Besuch Lord Doncaster's empfing, des Gesandten König Jacob's von England, der, willkürlich über seine Instruction hinausgehend, sich zum Agenten für den Kurfürsten von der Pfalz hergab und nunmehr den Versuch machen wollte, die Republik zu einer werkthätigen Unterstützung desselben zu bewegen.[28]) Die Rede Doncaster's ist aus Gindely's Auszug

---

ellettori da trattarsi à Novembro prossimo in Ratisbona è molto incerto, perché Boemi et l' altre Provincie vedendosi ressister all' armi di sua Maestà, la ribellion d'Ongheria et la speranza, che anco la Sthiria, Carinthia et Cragno facino il medesimo, staranno tanto più dure, i moti delle quali Provincie, che comminciano a pullular come hô avisato, parevano aquietati, ma hora si teme, che col essempio d'Ongheria et dell' altre non si sollevino anch' essi.«

[26]) Münchner Reichsarchiv. Oesterr. Religionssachen.

[27]) Bericht vom 5. October: »l'Isola di Comar (die Schütt), che é il camino della Sthiria, si teme voglino entrar in essa et con li mali humori che vi sono et intelligenza con errettici farla ribellar insieme con la Carinthia et Carniola et unirsi con l'altre.«

[28]) Siehe darüber Gindely, Gesch. d. 30jähr. Kr. II. Bd.

aus dem bei Gardiner [29]) abgedruckten Schreiben Giustiniani's bekannt; die Haltung des letzteren geht aus seinen eigenen Worten hervor, mit welchen er seine Antwort an Doncaster scizzirte. Er versichert den Dogen, dass er sich allen Vorschlägen des Lord's gegenüber der nöthigen Reserve beflissen habe. [30]) Das letzte Schreiben des wenige Tage darauf von Wien scheidenden Staatsmannes, welches er von dort aus an die Republik richtete, enthält ein kurzgefasstes, aber schwerwiegendes Urtheil über die Verhältnisse, unter welchen er Oesterreich verliess. Das Haus Oesterreich, bemerkt er, habe sich nie in einer schlimmeren Lage befunden, es habe zwei Reiche verloren, der Rest der Provinzen sei im Aufstande oder dazu bereit, dabei kein Geld, kein Heer. Wenn der Papst, Spanien und die katholische Liga ihm Hilfe leisten, so werden die Union, die Generalstaaten, Italien und andere den Pfalzgrafen unterstützen. Baiern wolle zwar für Burgau eine Million Gulden geben, die Liga soll in München beschlossen haben, den Kaiser mit 6000 Mann zu unterstützen, doch wolle sie sich früher vergewissern, was Spanien und der Papst unternehmen.

Als Giustiniani am 7. November Wien verliess, musste ihm Erzherzog Leopold eine starke militärische Escorte bis Wiener-Neustadt mitgeben, um ihn vor den ungarischen

---

29) Gardiner, a history of England under the duke of Bukingham and Charles I.

30) Ber. vom 2. November: »Le quali (parolle) furno repigliate da me con ogni più affetuoso termine per espressione della ottima corrispondenza della Serenità Vestra alla Maestà Sua et della stima grande, che fà della sua benevolenza et amicitia (in Chiffern) et negl' altri sopradetti propositi mi governai seco con quella riserva di parole et di sensi che si conviene.«

Streifcorps zu schützen, welche bereits die Strasse beunruhigten. Der Botschafter wollte sich vom Kaiser, der nach seiner Rückkehr von Frankfurt einige Zeit in Graz zugebracht hatte, in dieser Stadt verabschieden und sendete seinen Secretär voraus, um sich eine Audienz zu erbitten. Dieser erfuhr jedoch, dass der Kaiser bereits von Graz aufgebrochen sei, um sich nach Neustadt zu begeben und deshalb geneigt sei, Giustiniani in Bruck an der Mur die Abschiedsaudienz zu ertheilen. Bei derselben fand Giustiniani den Kaiser sehr niedergeschlagen und mehr als gewöhnlich gedankenvoll, er verschwieg ihm auch nicht, dass er gegen seinen Willen nach Oesterreich gehe und sich in grosser Bedrängniss befinde. Giustiniani hatte dafür das beste Verständniss, denn er war selbst glücklich, noch vor der neuerdings drohenden Belagerung aus Wien fortgekommen zu sein, wo auch Erzherzog Leopold nicht länger verweilen mochte. Nach einem Aufenthalte von wenigen Stunden gab der venetianische Gesandte dem Kaiser noch eine kurze Strecke das Geleite auf seiner Weiterreise gegen Schottwien und kehrte dann nach Bruck zurück, um von da in langsamen Tagereisen seinen Weg nach Ponteba fortzusetzen.

In den eilf Tagen, welche Giustiniani in Steiermark und Kärnten zubrachte und während welcher er Gelegenheit hatte, mit vielen Herren vom Adel zu verkehren, die ihn von Wien aus kannten und ihm ihre Aufwartung machten, konnte er sich persönlich von der Stimmung überzeugen, die in beiden Ländern herrschte und er hat darüber von Ponteba aus an den Dogen einen Bericht erstattet, welcher eine ziemlich vollständige Aufklärung darüber gibt, wie weit die

Bewegung in Innerösterreich gediehen war und welche Verhältnisse die Zurückhaltung hervorgerufen haben, denen der Kaiser seine Rettung in jenem kritischen Momente verdankte.

»Auf meiner Reise durch Steiermark und Kärnten« schreibt Giustiniani[31] »traf ich unter dem Adel und im Volke in Ansehung der Religion jene üble Stimmung, von welcher ich bereits geschrieben habe, und eine grosse Neigung, sich zu erheben und mit den Böhmen und den Anderen zu verbinden; schon war in Steiermark von einigen Herren der Anfang dazu gemacht worden: **aber der steirische Landeshauptmann Herberstein, obwohl Protestant, hat sie bis jetzt zurückgehalten.**[32]

»Man fürchtet aber sehr, dass sie es unternehmen, da der Graf von Thurn viele Verbindungen und Schliche hat. Die Stände sind fast durchgängig Protestanten, das Volk ist zum grössten Theil nicht aus freiem Willen, sondern durch Gewalt katholisch; die einen und die anderen sind gegen den Kaiser schlecht gestimmt, am meisten aber gegen die Jesuiten, welchen sie wegen ihres grossen Einflusses Alles zutrauen. Diese sollen auch bereits grosse Schätze aus jenen Ländern nach Baiern gebracht haben.«

»In Kärnten lassen die geistlichen Herren die Werbetrommel rühren, um einerseits ihren eigenen Besitz zu sichern, andererseits dem Heere des Kaisers in Oesterreich zu Hilfe zu kommen; aber in Folge der Misstimmung im Lande hat die Werbung wenig Erfolg. Die Oberösterreicher haben

---

[31]) Bericht vom 24. November, della Pontieba.

[32]) ». . . . et gia in Sthiria da alcuni Baroni s'era dato principio, ma l' Ermestain Capitan della Provincia, se ben errettico, gl' ha sin hora contennti.«

einen wichtigen Pass nach Steiermark besetzt und beginnen von dort aus zu streifen. Krain habe ich nicht berührt, aber ich höre, dass dort dieselbe schlechte Stimmung herrsche, so dass also auch diese drei Provinzen in Gefahr sind, es so wie die anderen zu machen. Man spricht auch davon, dass in diesem Falle die Republik in Friaul wieder losschlagen würde.« Unter diesen Beobachtungen des venetianischen Diplomaten ist wohl diejenige die wichtigste, welche die Haltung des Landeshauptmannes von Steiermark betrifft. Sigmund Friedrich von Herberstein,[33]) welcher dieses Amt seit 1594 bekleidete, gehörte zu jenem kleinen Kreise von Patrioten, welche trotz ihres akatholischen Bekenntnisses das Vertrauen Ferdinand's besassen und sich thatsächlich durch ihr persönliches Ansehen von der Parteiströmung unberührt erhalten hatten. Ihre nahen Beziehungen zu der innerösterreichischen Linie der Habsburger, sowie der Umstand, dass auch nach der Gegenreformation von 1598 dem Adel die Ausübung des evangelischen Glaubens auf seinen Besitzungen unverwehrt blieb, wenn er durch denselben kein Aufsehen erregte, hatten sie bis jetzt von einer Theilnahme an der Opposition gegen die Dynastie ferngehalten, an ihrer Abneigung vor einem völligen Bruche mit derselben scheiterte offenbar auch der Versuch, die Insurrection nach Innerösterreich zu verpflanzen. Die zur Action geneigte Partei, deren Giustiniani Erwähnung thut, hatte keine Männer von Einfluss

---

[33]) Er war der Sohn Hannibals von Herberstein und der Christine Galler, Enkel des Leopold v. Herberstein, des Stifters der Pusterwald'schen Linie dieses Hauses, der als kaiserlicher Generalfeldmarschall, Hofkriegsrathspräsident und Hauptmann der Hatschieren-Leibgarde 1606 in Wien gestorben war.

und Macht unter sich, sie konnte daher gegen die entscheidende Stimme eines Glaubensgenossen, der ein Viertel Jahrhundert hindurch mit dem Adel der Steiermark als der Wächter seiner Rechte und der Würde des Landes verkehrt hatte, dem die ganze Regierungsmaschine zur Verfügung stand, nichts ausrichten und hat mit ihren Versprechungen und Plänen die Häupter des böhmischen Aufstandes und die Leiter der pfälzischen Politik nur in trügerische Hoffnungen gewiegt. Doch die Gefahr war immerhin gross — die Haltung der Innerösterreicher ausschlaggebend für das Schicksal der Habsburgischen Monarchie und das Verdienst jenes Herbersteiner's um dieselbe gewiss unbestreitbar. Die Nichtbetheiligung der Innerösterreicher an der Rebellion von 1619, zu welcher gerade sie im Hinblick auf die Ferdinandeische Gegenreformation mehr Anlass gehabt hätten, als alle anderen Länder, war für Oesterreich ebenso bedeutungsvoll, als das Festhalten der Ungarn an der pragmatischen Sanction in den Tagen der grossen Kaiserin. —

Was Giustiniani von den Oberösterreichern erwähnt, findet seine volle Bestätigung durch Nachrichten anderer Provenienz. Schon im Sommer hatten 200 Knechte vom Aufgebote des Traunviertels unter Hauptmann Karl von Jörger den Pyrrhnpass besetzt und befestigt, um die Ansammlung kaiserlicher Truppen, besonders spanischer Hilfsvölker in Oberösterreich, zu verhindern. Kurz vor der Reise Giustiniani's hatten sich die Jörger'schen Knechte bemerkbar gemacht, indem sie in Ermanglung eines Feindes einen harmlosen Reisenden, Herrn von Kolowrat sammt Frau und

Kindern überfallen und geplündert hatten. Dies mochte die Veranlassung zu dem im Lande verbreiteten Gerüchte gegeben haben, dass die »Oberenserischen« in's Land zu streifen beginnen.

Als Giustiniani in Villach eintraf, erwartete ihn bereits ein Cavalier aus dem Gefolge Lord Doncaster's, dem von Ponteba die Weiterreise auf venetianisches Gebiet nicht gestattet worden war, um die Vermittlung des Botschafters mit der Grenz-Sanitäts-Behörde in Anspruch zu nehmen. Giustiniani klärte den englischen Gesandten über die Ursachen der Verhinderung seiner Reise auf, die eben nur in den strengen Sanitätsvorschriften der Republik lägen, worauf Doncaster die Reise nach Venedig aufgab und sich nach Salzburg wandte, indem er Giustiniani ersuchte, einen allenfalls an ihn gerichteten englischen Courier ihm dorthin nachzusenden. Giustiniani musste selbst mehrere Wochen Quarantaine halten und langte erst im Jänner 1620 in seiner Vaterstadt an.

In Wien führte seit des Botschafters Abreise der Secretär Antelmi die Geschäfte. Unter seinen ersten Berichten finden wir eine Schilderung des Gefechtes bei Bruck a. d. Leitha, welche berücksichtigt zu werden verdient.[34] Jedenfalls geht aus derselben hervor, dass Bouquoy keine Niederlage erlitten, im Gegentheile seinen Zweck, das böhmisch-ungarische Heer in seinem Vormarsche gegen Wien kurze Zeit aufzuhalten, erreicht hat. Mehr konnte er auf keinen Fall anstreben, nachdem er den vereinigten Streitkräften Thurn's, Hohenlohe's

---

[34] Siehe Beilage No. IV.

und Bethlen Gabors, die von Pressburg heranzogen, im offenen Felde nicht gewachsen war. Kaiser Ferdinand war auf der Reise nach Wiener-Neustadt begriffen, als er den Vormarsch der Ungarn vernahm. Einerseits befürchtete man mit Recht, Bethlen würde ein Streifcorps nach Steiermark entsenden und Graz bedrohen, der Kaiser hatte daher auch bei seiner Abreise von dort Sicherungsmassregeln angeordnet, die ständischen Verordneten zur Aufstellung von 300 Reitern an der ungarischen Grenze bewogen und die Sperrung der Thore von Graz befohlen [35]) — andererseits war er kaum mehr sicher, nach Wien zu gelangen. Er ging deshalb gar nicht bis Wiener-Neustadt, sondern blieb in Schottwien, einem, wie Antelmi meint, »durch seine Lage sehr sicheren Orte«; angeblich, um sich mit der Jagd zu beschäftigen. Bei aller Vorliebe des Kaisers für diese Unterhaltung und bei allem fast an Leichtsinn gränzenden Gleichmuthe, der denselben nur selten verliess, möchte ich doch daran zweifeln, dass in jenem verhängnissvollen Momente das Jagdvergnügen ihm die Sorgen um seine Existenz habe verscheuchen können, die jetzt auf dem Spiele stand. Der Widerwille gegen die Aufregung, die ihn abermals in Wien erwartete, die Scheu vor den Scenen der

---

35) Bericht vom 23. November: »Anche nella Stiria ci sono de mali humori; molte ragunance si sono fatte sotto prettesto de conviti et mandati Ambasciatori a Linz in Austria superiore; onde in fine si teme, che pure in quella Provincia non nasca ben presto alcuna espressa pravità in pregiuditio della Maestà Sua. A Graz per questo timore et per sospetto degl' Ongari insieme, che non é più de 10 leghe da quella Città lontano il Confine loro; fu rissoluto dall' Imperatore prima di partire, che si serrasse la porta di essa Città che é abasso il Castello et si getasse a terra alcune case all' intorno per farvi un forte, che servi à maggior sicurezza.«

Verwirrung und Verwüstung, die er wieder miterleben sollte, hielt ihn an der Grenze von Oesterreich zurück und es wurde hin und her überlegt, ob er seine Reise fortsetzen oder nach Graz zurückkehren solle. Doch zu dieser Ueberlegung wurde ihm nicht lange Zeit gelassen; die Ungarn erfuhren den Aufenthalt des Kaisers und fassten den Plan, den Kessel von Schottwien auf beiden offenen Seiten (im Norden und Süden) abzuschliessen und den Kaiser dort selbst aufzusuchen. Die Ausführung dieses Planes war nun bei so vorgerückter Jahreszeit nicht so leicht und schnell möglich, dass des Kaisers persönliche Sicherheit momentan bedroht gewesen wäre; denn, um ihm den Rückzug in das Mürzthal abzuschneiden, hätten die ungarischen Reiter den Kamm der Fischbacher Alpen übersetzen müssen; [36]) dauernden Schutz vermochten einem energischen Feinde die Wälle der steirischen Gebirge jedoch nicht zu bieten — ein Entschluss musste gefasst werden. Ferdinand entschied sich dafür, noch einmal sein Geschick mit dem der Hauptstadt von Oesterreich zu verbinden. Am 25. November legte er die 12 Meilen lange Strecke von Schottwien bis Wien ohne Rast zurück und

---

[36]) Von Oedenburg, wo sich eine fliegende Colonne hätte bilden können, musste entweder die steirische Gränze bei Friedberg überschritten und der Weg über den Alpsteig nach Krieglach genommen, oder die Strasse über Edlitz und Kirchberg nach Trattenbach und Feistritzwald und von da über Freschnitz nach Spital eingeschlagen werden. Ob die letztere Route, jedenfalls die Kürzeste, in jener Zeit für Cavallerie zugänglich war, lässt sich schwer ermessen. Auch der Einfall über Reichenau und Kapellen nach Mürzzuschlag wäre denkbar gewesen, sobald sich die Ungarn in den Besitz von Gloggnitz gesetzt hätten; jedenfalls erforderten alle diese Uebergänge eine gut disciplinirte Truppe, die zu Anstrengungen bereit war. Weder Thurn noch Gabor dürfte Ueberfluss an solchen gehabt haben.

langte spät in der Nacht, ohne dass seine Ankunft der Bevölkerung bekannt gemacht worden wäre, ohne dass auch nur die Salutschüsse abgegeben wurden, in der Residenz an. In aller Heimlichkeit hatte Bouquoy, erzählt Antelmi,[37]) alle verfügbare Reiterei an die Strasse nach Neustadt dirigirt, um den Reisezug des Kaisers zu flankiren und einen plötzlichen Ueberfall des Feindes, der diese Strasse in wenigen Stunden erreichen konnte, abzuwehren.

Zwei Tage nach der Ankunft des Kaisers machte sich Erzherzog Leopold, der auf keinen Fall in Wien bleiben wollte, auf den Weg nach Steiermark. Kaum entging er den Streifcolonnen der verbündeten Rebellen, die nunmehr in einer Stärke von 30.000 Mann vor Wien rückten. Antelmi zählt nämlich 4 Regimenter zu Fuss und 1000 Pferde unter Thurn und 20.000 Ungarn. Sie verwüsteten die Umgegend, täglich sah man Brände der umliegenden Ortschaften. Man war in Wien überzeugt, dass es sich nunmehr um einen ernsten Schlag handle, denn man hielt es nicht für möglich, dass Thurn zum zweiten Mal unverrichteter Dinge von Wien abziehen würde. Er benahm sich auch sehr herausfordernd und grossmäulig, wie uns eine Episode beweist, die Antelmi der Mittheilung für werth hält.

Thurn wollte nämlich ein nahe bei Wien gelegenes kaiserliches Schloss (vielleicht das »Neugebäu«) besetzen, welches von einem Hauptmanne und 200 Knechten gehalten werden sollte. Als diese merkten, dass man Kanonen gegen sie richte, zogen sie sich zurück. Thurn liess sie ungestört in die Stadt abziehen und durch besagten Hauptmann einen

---

[37]) Bericht vom 30. November.

Gruss an Bouquoy ausrichten, der Hohn und Uebermuth vereinte. »Mehr als einmal habe er ihm (Bouquoy)' die Schlacht angeboten und dieser sei geflohen; nun wolle er nach Wien kommen, um ihm die Hände zu küssen.« Die Absicht Thurn's und Bethlen's war es ohne Zweifel, sich Wien's gewaltsam zu bemächtigen, oder wenigstens die Stadt auszuhungern und den Kaiser zu einem schimpflichen Frieden zu zwingen, der ihm gewiss kaum mehr den Schatten einer Macht gelassen hätte. Als sie vor Wien erschienen, waren sie über die Verhältnisse in der Stadt, über die Stärke der Besatzung und der Befestigungen genau unterrichtet und mit Gutachten versehen über die sicherste Methode, die Stadt einzunehmen.[38]) Es ist uns ein derartiges Elaborat erhalten geblieben. Ein mit den Wiener Verhältnissen sehr vertrauter, kriegserfahrener Cavalier aus den Reihen der protestantischen Stände, dessen Name jedoch nicht genannt ist, hat — den einleitenden Bemerkungen nach über eine an ihn geschehene Aufforderung — an Bethlen Gabor nach Pressburg ein »Gutachten« gesendet, in welchem auseinandergesetzt wird, auf welche Weise Wien am schnellsten eingenommen werden könne. 30—40 Tschaiken mit Ungarn sollen beim »Lusthaus« heimlich anlegen und gleichzeitig mit einem Regiment deutscher Knechte dasselbe erstürmen. Von da aus könne man sich, wenn noch weitere Truppen herangezogen würden, des »oberen Werd« bemächtigen,

---

[38]) Ich verdanke die nachfolgenden Mittheilungen der besonderen Güte des Herrn Landesarchivars Professor v. Zahn, welcher den Wortlaut des Gutachtens in einem der nächsten Hefte seiner »Steiermärkischen Geschichtsblätter« veröffentlichen wird.

einige Häuser, die der Stadt gegenüber liegen, abdecken und zuschütten, so dass sie als Schanzen verwendet werden können, und Geschütze aufführen. Wenn man dann durch zwei Dämme den Canal abgesperrt und entwässert habe, sei der Angriff gegen das rothe Thurmthor und den daneben gelegenen »Auwinkel« (hier, wie sehr häufig »Sauwinkel« benannt), sowie von der Rossau gegen das Schottenthor zu richten. Um dem Feinde glauben zu machen, dass auch noch an einer vierten Stelle gestürmt werde und ihn zu einer Trennung seiner Kräfte zu nöthigen, werde es gut sein, auch die Burgbastei zu beschiessen. Es wird genau angegeben, an welchen Stellen die Mauern weniger stark seien, dass man, um rasch von denselben in die Strassen zu gelangen, Laufbrücken vorbereiten müsse, dass man das rothe Thurmthor öffnen und durch ungarische Reiter die Plätze besetzen lassen solle. Mit besonderem Nachdrucke wird betont, man solle die Bürgerschaft sehr glimpflich behandeln, nicht zum Widerstande reizen, dann dürfte man auch keine Feindseligkeiten von ihr zu fürchten haben. Von einer Mitwirkung aus der Stadt selbst ist nicht die Rede, auch Antelmi thut einer derartigen Möglichkeit keine Erwähnung. Die protestantischen Ständeherren befanden sich damals nicht mehr in der Stadt und in der Bürgerschaft war doch keine Partei, welche offen mit dem Feinde conspirirt hätte, wenn auch Viele mit Thurn sympathisirten.

Eine grosse Belästigung war für die Wiener das Zuströmen der Landleute und Bewohner der Vororte, welche sich an die Thore drängten, um aufgenommen zu werden. Sie mussten zurückgewiesen werden, denn die Stadt war mit Truppen überfüllt.

Bouquoy unternahm eine Recognoscirung, liess die vorgeschobenen Posten der Feinde zurücktreiben und die Dörfer anzünden, damit der Feind keine Wohnungen finden solle. Das Arsenal wurde geöffnet, die Artillerie sammt Munitionskarren mit Kugeln und Pulver auf die Mauern gebracht und Schüsse aus der Stadt abgegeben, von welchen man nicht weiss, ob sie irgend einen Schaden verursacht haben. Dies Alles aber geschieht mit einer Angst und Verwirrung, sagt Antelmi, die sich nicht genug schildern lässt. Die Uneinigkeit der hervorragenden Persönlichkeiten am Hofe war offenkundig, man wusste, dass es mancher mehr mit den Böhmen hielt, als mit dem Kaiser.[39]) Es konnte wenig helfen, dass der vom Herzog von Nevers gestiftete neue »Orden christianae militiae«[40]) seine Dienste anbot; denn es war nicht möglich, neues Kriegsvolk zu werben, da die ganze Umgebung vom Feinde besetzt war. Die Unterhaltung des in Wien zusammengedrängten Kriegsvolkes machte ohnedem die grössten Schwierigkeiten. Die Bürger beschwerten sich darüber und die Soldaten mussten mit Gewalt in die Häuser eindringen, wo sie zu 30—40 untergebracht waren. Eine begreifliche Folge der Absperrung, in welcher sich Wien befand, war

---

39) Bericht vom 30. November: »Tutto s'é esseguito con tanto timore et confusione, che non si basta a dire; parlando ogniuno alla libera della tepidezza et poca concordia de capi, de mali consigli de molti, che sono appresso l'Imperatore, che più pendono alla parte de Boemi; mentre pure, et i pareri de consultori et la pronta essecutione de capi da guerra in provedere et operare quanto bisogna; haveranno ad essere parti, corrispondenti all' importanza, dell' occasione, di tener in casa et fuor di casa il nemico: perchè anco la maggior parte de Borgesi stessi volontieri dariano la città al Conte della Torre.

40) Gründung und Statut bei Khevenhiller, Ann. Ferd. IX. 711.

eine von Tag zu Tag sich steigernde Theuerung, welche Antelmi nöthigte bei der Republik um Aufbesserung seiner Subvention einzuschreiten. Dies ganze Elend des Kaisers und seines Hofes tritt jedoch in der Bemerkung des wohlunterrichteten Venetianers zu Tage, dass der Kaiser habe 5000 Gulden aufnehmen wollen, sich jedoch kein Kaufmann gefunden habe, der dafür eingestanden wäre.

Da die menschliche Hilfe versagte, mussten die Elemente dem schwerbedrängten Fürsten zu Hilfe kommen. Seit die Feinde vor Wien Stellung genommen hatten, regnete es in Strömen (»essendo sopragiunta una grandissima piove«), so dass nichts zu beginnen war. Ein thatenloses Umherlungern war für die Verhältnisse, in welchen sich das böhmisch-ungarische Heer befand, jedenfalls das Ungünstigste.

Die Soldrückstände übertrafen noch die im Heere des Kaisers und wenig Aussicht war vorhanden, sie zu tilgen. Hatte ja doch die böhmisch-ungarische Freundschaft damit begonnen, dass der Ungar Geld und wieder Geld begehrte, um seinen Kriegszug ausführen zu können und noch wusste man in Prag, wo man vor zwei Monaten mit schwerer Mühe einige Monatsolde für die eigenen Truppen aufgetrieben hatte, nichts davon, wie man den kostbaren Bundesgenossen befriedigen sollte. — Von Thurn hiess es, er wolle das ganze Land um Wien besetzen, um den Kaiser vollständig von aller Verbindung abzuschneiden und seine noch in Böhmen zurückgebliebenen Truppen zu nöthigen, Alles im Stiche zu lassen; dann aber wolle er einen Streifzug nach Steiermark und Kärnten unternehmen, um die dortige Bevölkerung aufzurütteln und zu unterwühlen, damit sie, wenn sie sich um des Kaisers Angelegenheiten willen angegriffen und von ihm nicht vertheidigt sähe, um so sicherer zu dem Entschlusse der Oesterreicher käme und sich den Böhmen anschlösse.

Schon am 5. December begann der Abmarsch der Böhmen und Ungarn, der von den Kaiserlichen nicht beunruhigt wurde. Nicht ein Mann wurde nachgesendet, um sie zu allarmiren oder auch nur die Richtung ihres Rückzuges zu erkundschaften.

Die dreitägigen Regengüsse und gänzlicher Mangel an Lebensmitteln waren die nächste Veranlassung gewesen, eine weitere der Einfall des kaiserlichen Parteigängers Grafen Hommonay in Ober-Ungarn, der Bethlen im Rücken bedrohte.

Die Feindseligkeiten hatten damit für dieses Jahr ihr Ende erreicht, da die Witterung die Fortführung des Krieges nach damaliger Auffassung nicht mehr gestattete. — Wien war zum zweiten Male gerettet, dem Kaiser Zeit gegeben, seine Kriegsmacht mit Hilfe Spaniens und der Liga zu vermehren und dafür zu sorgen, dass ihm seine rebellischen Unterthanen nicht noch einmal in die Zimmer der Burg schossen.

Die Gelegenheit für Böhmen und Ungarn, dem Kaiser einen nachtheiligen Frieden aufzuzwingen, kam in so günstiger Weise nicht wieder. Der ganze, mit so grossem Geräusche in Scene gesetzte Kriegszug, durch welchen Thurn seine ohnehin schon schwer geschädigte militärische Ehre wiederherstellen wollte, war in eine Demonstration verlaufen, die für den Kaiser wohl manche Unannehmlichkeit mit sich gebracht, in ihrem kläglichen Verlaufe jedoch nur dazu beigetragen hatte, das Vertrauen seiner Anhänger wieder zu kräftigen und den Glauben zu bestärken, dass Gott selbst die gerechte Sache des Kaisers nicht verlasse. Noch sah es freilich in und um Wien trübe genug aus, in allen Richtungen begegneten sich die feindlichen Strömungen, man musste zufrieden sein, dass wenigstens die drohendste Gefahr abgewendet war. Denn von den Unterhandlungen mit Bethlen, die nunmehr eingeleitet wurden, konnte man wenig Erfolg erwarten. Antelmi erzählt, dass auch Eggenberg, der ursprünglich selbst zur Gesandtschaft an Bethlen bestimmt gewesen war, sich in diesem Sinne ausgesprochen habe. Bethlen stelle zwei Bedingungen, die der Kaiser niemals annehmen könne: dass Ungarn sich mit den Böhmen verbinde und dass der Kaiser auf die Krone verzichte.[41])

Durch die fortwährenden Truppenzüge hatte die Umgebung von Wien unendlichen Schaden gelitten und noch war kein Ende der Verwüstung abzusehen, denn die schlechtbezahlten kaiserlichen Söldner, besonders die Wallonen und Ungarn holten sich nach den Entbehrungen, die sie während der kurzen Belagerung hatten tragen müssen, den letzten Rest der Habe, die den armen Unterthanen noch geblieben war.[42]) Antelmi stellt der Verkommenheit der Kaiserlichen

---

[41]) Bericht vom 14. December.

[42]) Ebendaselbst: »Tra gl' Austriaci Superiori et gl'Inferiori sarà la militia, che hanno de circa 10 m. fanti et 2 m. cavalli, gente buona et benissime pagata: che con ordine mirabile di commissarii, de vivandieri, ha di tempo in tempo i suoi riecapiti et bisogni, di maniera che non fanno quelle militie à sudditi alcun oltraggio, quel che non si può dire delle genti dell' Imperatore, che ogni giorno ha à suoi piedi lamenti et lacrime di povere persone nella vita, nella robba, nel honore di continuo maltrattate da Valoni et Ongari inparticolare, che sono à questo servitio. Gia abbandonano molti i luoghi di queste terre et come per il rimanente del paese si trovano dalla parte d'Ongaria et d'Austria chiusi i passi et interrotto il commercio, et in questo poco circuito venga distrutto et consumato ogni cosa, et resti incolta la campagna; dicono, che converrà l'Imperatore et la Corte partir da Viena, perche fra poco tempo non vi sarano vittovaglie per vivere.«

die musterhafte Haltung der landschaftlichen Truppen entgegen, welche die Oberösterreicher aufgestellt hatten, wobei er sich jedoch einige Uebertreibung zu Schulden kommen lässt; denn die von den Oberösterreichern geworbenen Fähnlein waren weit davon entfernt, eine so stattliche Macht, wie 10.000 Mann zu Fuss und 2000 Pferde zu formiren und für ihre Mannszucht gibt die Episode am Pyrrhnpass, die früher erzählt wurde, auch gerade kein glänzendes Zeugniss. Jedenfalls betrachtete man in Wien die Bewegungen dieser, wenn auch kleinen Truppe doch mit einiger Sorge. Ganz besonders musste man eine Transaction mit den Steirern befürchten, die man bis jetzt mühsam zurückgehalten hatte. [43])

Den Vorgängen in Innerösterreich musste die kaiserliche Regierung mit dem Beginne des Jahres 1620 überhaupt eine grössere Aufmerksamkeit zuwenden, denn es trat der steirische Landtag zusammen, von dem man einerseits Geldhilfen erwartete, der jedoch anderseits durch das Auftreten einer protestantischen Actionspartei gefährlich werden konnte. Dazu kam es zwar im offenen Landtage nicht, jedoch zu ziemlich schwerfälligen Unterhandlungen wegen der Geldhilfen und der Landesvertheidigung, die sich vom Jänner bis zum Mai hinzogen. Die kaiserliche Proposition [44]) enthielt die Aufforderung, die Viertel Vorau und Ennsthal zu versichern, Vorau

---

43) Bericht vom 18. Jänner 1620: »Gl'Austriaci Superiori, che si sono messi con tutta la lor gente tra Enns et Linz, hanno tagliati i ponti del fiume, che divide l'Austria Superiore dal Inferiore: et in Stair città loro principale, che è à confini della Stiria, hauno messi 400 soldati nell castello, che si teneva per l'Imperatore, posto tra due acque sopra un colle nella medesima città: et servirà per impedir i soccorsi, che si possono dar et ricorrere dalla Stiria stessa.«

44) Steierm. Landes-Archiv. Landtagshandlung 1620.

worunter die östliche Steiermark vom Wechsel bis an die Mur zu verstehen ist, gegen die Ungarn, Ennsthal gegen die Oesterreicher. Zur Aufstellung von zwei Fähnlein Fussvolk und 300 Reitern hatten sich die Verordneten schon bei der Anwesenheit des Kaisers im November herbeigelassen, nun sollten auch die Gültpferde in Bereitschaft gesetzt, das Aufgebot des dreissigsten und zehnten Mannes vorbereitet werden. Als besonders dringend wird auch die Ausbesserung der Stadtbefestigung und des Schlossberges von Graz bezeichnet und damit motivirt, dass auch die Herren Landleute ihre Frauen und ihre Kinder dahin flüchten werden, wenn das ganze Land vom Feinde besetzt werden sollte — eine Eventualität, mit der man rechnen zu müssen glaubte. Schliesslich sah sich der Kaiser, obwohl er es lieber unterlassen hätte, wie er selbst erklärt, doch auch genöthigt, eine Geldhilfe der Stände in Anspruch zu nehmen, indem er 200.000 Gulden »zur Abzahlung solcher venedigischer Kriegsausgaben und Anticipationen verlangte.«

Man wählte diese Form, um nicht den Krieg mit den Böhmen berühren und besprechen zu müssen, denn das wollte man, so weit es immer möglich war, vermeiden, und den Evangelischen jede Gelegenheit benehmen, ihren Sympathieen für die böhmischen Glaubensgenossen Ausdruck geben zu können. Der Landtag wählte jedoch ein anderes Mittel, um Stellung zu der ständischen Bewegung der anderen Provinzen nehmen zu können; er verlangte das Zusammentreten von Deputirten aller drei Lande. Die Aufstellung von Truppen an den Gränzen von Ungarn, die Befestigung von Grenzorten, wie Radkersburg und Fürstenfeld seien Angelegenheiten einer allgemeinen Defensionsordnung und die Berathung derselben müsse augenblicklich durch Abgesandte von Steiermark, Kärnten und Krain in Angriff genommen werden. Dabei hatte man wohl eine neue Auflage des Brucker Libell's vom Jahre 1578 im Sinne und hoffte sich um den Preis von Zugeständnissen an den Kaiser zu Gunsten der Landesvertheidigung die Religionsfreiheit wieder erkämpfen zu können. Schon Antelmi's Bericht vom 25. Jänner 1620 [45]) lässt diesen Plan ziemlich deutlich erkennen; er war überhaupt über die Stimmung der steirischen Cavaliere ziemlich gut unterrichtet; wie er an verschiedenen Stellen bemerkt, durch eine dem Freiherrn von Eggenberg nahestehende Persönlichkeit. Ich habe sämmtliche Bemerkungen des venetianischen Agenten, welche sich auf die Vorgänge in Steiermark und Kärnten beziehen, in der Beilage zusammengestellt, da sie mir — als einzige bisher bekannte Quelle über ein in tiefem Dunkel sich befindendes Capitel der Geschichte von Innerösterreich [46]) — der Beachtung immerhin werth erscheinen. Kleinere Irrthümer abgerechnet, kann die Glaubwürdigkeit der Berichte Antelmi's kaum angezweifelt werden. Sie sind zusammenhängend, wiederholen mehrmals dieselben Nachrichten, schliessen sich an einzelne bekannte Daten an und verrathen keinerlei Absichtlichkeit. Es ist auch gar nicht denkbar, dass sich ein Mann wie Antelmi, der auch kein Neuling in diplomatischen Geschäften war,

---

[45]) Siehe Beilage No. V.
[46]) Das Tagebuch eines hervorragenden Ständemitgliedes, dessen Herausgabe Herr Landesarchivar v. Zahn ebenfalls vorbereitet, enthält auch nur sehr unbestimmte Andeutungen über die in aufrührerischen Reden sich kundgebende Stimmung, Versammlungen der Akatholiken, Drohungen gegen die Jesuiten etc., jedoch keine zusammenhängende Erzählung.

durch Monate hindurch hätte täuschen lassen und vage Gerüchte als Thatsachen aufgenommen hätte; noch weniger aber kann der Vermuthung Raum gegeben werden, er habe mit diesen Nachrichten in einer dem Senate wohlgefälligen Weise seine Berichte schmücken wollen. Die Republik hatte, wie ich an anderer Stelle nachweisen werde, kein unmittelbares Interesse an einem Aufstande in Innerösterreich, sie hätte auch Uebertreibungen, wenn sie denselben auf die Spur gekommen wäre, entschieden zurückgewiesen. Auffallend sind Antelmi's Mittheilungen besonders deshalb, weil die officiellen Landtagsberichte von den Unterhandlungen wegen Religionsfreiheit gar keine Andeutung enthalten. In den beiderseitigen Dupliken, Repliken und Tripliken sind nur jene Punkte der kaiserlichen Proposition einer Erörterung unterzogen, welche sich auf die Landesdefension, die Befestigung von Graz und die ausserordentliche Bewilligung für die kaiserliche Kammer beziehen; dazu kamen noch über Anregung der Landschaft Justizangelegenheiten. Die Geldbewilligung wird in den ersten Beschlüssen geradezu abgelehnt, die Ueberlastung des Landes, die grossen Zahlungen für den venetianischen Krieg und die Grenzbesatzungen, sowie der dem Lande durch die Regengüsse des letzten Herbstes verursachte Schaden geben hinreichende Begründung. Erst in den letzten Berathungen erklärt sich der Landtag zu einer Bewilligung von 50.000 Gulden bereit, über die er nicht hinausgeht und die schliesslich auch vom Kaiter acceptirt wird. Neben diesen officiellen Verhandlungen haben jedoch nach Antelmi's Berichten noch andere stattgefunden, die weder in den Landtagshandlungen noch in den Protokollen erwähnt sind, weil sie nur von den evangelischen Stände-

Mitgliedern ausgingen und weder von den Prälaten, noch von den Landesbeamten als mit dem Landtage in gesetzlicher Verbindung stehend betrachtet wurden. Die steirischen und kärntischen Protestanten verlangten freie Religionsübung und das Recht, in jedem Lande zwei Kirchen für ihren Gottesdienst wieder öffnen zu dürfen — also die theilweise Wiederherstellung des Zustandes vor der Gegenreformation von 1598. Diese Forderungen waren von der Drohung, sich mit den Böhmen zu verbinden, begleitet; ja von der weitestgehenden Partei ist wohl auch die Conföderation mit den Ständen der anderen Provinzen als nothwendige Friedensbasis bezeichnet worden, da nur durch diese eine Bürgschaft für die Haltbarkeit der zu schaffenden Zustände geboten werden könne.[47]

Im Februar reiste Eggenberg nach Steiermark, um seinen persönlichen Einfluss, der durch geschäftliche und Familien-Verbindungen sehr bedeutend war, zur Begleichung der schwebenden Differenzen aufzubieten. Seine Anwesenheit hat der loyalen Partei, als deren Stützen der zwar schwerkranke, aber noch immer um seine Meinung befragte Landeshauptmann Freiherr von Herberstein und der die Landtags-Geschäfte leitende Landesverweser, Herr von Schrattenbach, anzusehen sind, neue Widerstandsfähigkeit gegeben. Thatsächlich scheinen sich die Verhältnisse Ende Februar auch gebessert zu haben. Antelmi erfährt, dass die Protestanten in der Rückgabe der Schlüssel von Klagenfurt, die ihnen (bei der Besetzung Klagenfurts durch die Reformations-Commission 1599) abgenommen worden waren, einige Genugthuung er-

---

[47] Siehe Antelmi's Bericht vom 8. Februar 1620.

blickt hätten. Doch mit solchen kleinen Mitteln war eine wirkliche Befriedigung doch nicht zu erzielen. Eggenberg hatte damit nur Zeit gewinnen wollen und dies wurde erreicht. Im März sandten die Protestanten beider Länder ein Schriftstück, welches ihre Wünsche formulirte, nach Wien — es blieb unbeantwortet. Im April steigerte sich in Folge dessen die Erbitterung, eine directe Correspondenz mit den Böhmen wurde eingeleitet, man wies der Regierung — um ein letztes Pressionsmittel zu brauchen — Briefe der böhmischen Stände vor, in welchen diese den Innerösterreichern Unterstützung ihres Widerstandes mit allen Mitteln zusagen, endlich sollte eine Deputation nach Wien abgesendet werden, um den Kaiser persönlich zur Nachgiebigkeit zu bestimmen. Ob sie wirklich in Wien erschienen ist, wird nicht gesagt — jedenfalls wäre es zu spät gewesen. Denn im Mai wusste man bereits, dass Maxmilian von Baiern eine so stattliche Truppenmacht an der Donau zusammenzog, bestimmt, in Oberösterreich einzurücken, dass Ferdinand einen kleinen Putsch der innerösterreichischen Malcontenten nicht mehr zu fürchten hatte. Graz war mit kaiserlichem Volk besetzt, konnte jedenfalls gehalten werden, in dem offenen Lande hatte der Kaiser nichts zu verlieren und bis es zu einer bewaffneten Insurrection, oder gar zu einem Zuge gegen Wien kam, konnten die Böhmen längst geschlagen, die Innerösterreicher isolirt sein. Diese und ähnliche Erwägungen mag, der Oberst-Kämmerer, Herr von Khisl den protestantischen Herren zu Gemüthe geführt haben, als er sich im Mai in Graz aufhielt und dem Leichenbegängnisse des Landeshauptmannes, der in diesen Tagen gestorben war, beiwohnte; denn die Bewegung scheint von dieser Zeit an jede weitere Bedeutung verloren zu haben. Antelmi's Bericht vom 23. Mai constatirt die Beruhigung, die in jenen Provinzen »durch Versprechungen und gute Worte« erreicht worden sei. — Ausser den eben im Zusammenhange behandelten Nachrichten, welche Antelmi über die Vorgänge in Innerösterreich gibt, habe ich noch einzelne Bemerkungen über financielle Verhältnisse am Hofe und im Heere, sowie eine längere Auseinandersetzung über die Arbeiten an der Befestigung von Wien für erwähnenswerth gehalten. Die spanischen Geldanweisungen, die von Nürnberg oder Genua bezogen wurden, kamen spärlich und spät; um den Soldaten nur irgend eine Entschädigung für die rückständigen Zahlungen gewähren zu können, wurde ihnen Tuch ausgetheilt, das man statt Geldes von den Kaufleuten ausgeliehen hatte. Denn so sehr war Handel und Verkehr in Wien herabgekommen, dass die Kaufleute nicht so viel Bargeld zusammenbringen konnten, um dem Kaiser Vorschüsse auf die spanischen Gelder zu geben, die bereits in Genua ausbezahlt worden waren. Der Unmuth der Soldaten ging so weit, dass ein Fähnlein des Regiments Collalto mit seinem Hauptmann in den Burghof zog und vor den Augen des Kaisers Fahne, Waffen und Zeug niederlegte und sich erst über Intervention des Obersten beruhigte. Und doch that der Kaiser, was nur immer in seiner Macht stand, um die gerechten Forderungen der Truppen befriedigen zu können, er leerte den Kleinodienschatz seiner Vorgänger Rudolf und Mathias, um ihn zu verkaufen oder zu verpfänden, er liess alles Silbergeschirr zerschlagen und vermünzen, das nicht zum täglichen Gebrauche nothwendig war; er opferte den Wohlstand, die freundlichen Gärten und Vororte seiner Residenz, in der festen Ueberzeugung, dass seine Standhaftigkeit von Gott belohnt werden müsse.

Die Wiener mussten eine ausserordentliche Theuerung der Lebensmittel und manchen Ausbruch des Uebermuthes von Seite der Soldaten ertragen, der sich besonders gegen die Protestanten richtete. Kein Wunder, wenn sie sich endlich selbst bewaffneten und zur Selbsthilfe zu greifen entschlossen waren.

Der Einmarsch Maxmilian's von Baiern in Oberösterreich und das Vorrücken der kaiserlichen Streitkräfte an die böhmische Grenze, wo sie die Vereinigung mit den ligistischen Truppen anstrebten, milderte bald diese drückende Lage der Residenz und lenkte die Aufmerksamkeit Aller auf die Entscheidung, welche auf dem böhmischen Kriegsschauplatze erfolgen musste. Die darauf Bezug nehmenden Berichte des venetianischen Agenten, welche bis Ende August 1620 reichen, sind zwar nicht ohne Interesse, im Ganzen jedoch nur Bestätigungen der bereits aus anderen Quellen festgestellten Thatsachen. Die Berichte vom 1. September 1620 bis letzten Februar 1621 sind nicht erhalten, es fehlen daher auch die Nachrichten über die Stimmung der Bevölkerung bei dem Einlangen der Siegesberichte aus Böhmen, und über andere bemerkenswerthe Vorgänge in Wien im Laufe jener Monate. Mit der Schlacht am weissen Berge war der Regierungsantritt Kaiser Ferdinand II. in allen Erbländern perfect geworden, die ständisch-religiöse Bewegung abgeschlossen; die inneren Angelegenheiten der österreichischen Länder traten zurück vor den allgemein-europäischen Fragen und den Conflicten der grossen Mächte, mit deren einzelnen Phasen sich auch die venetianischen Diplomaten in Wien in erster Linie zu beschäftigen hatten.

BEILAGEN.

ACTEN UND ACTEN-AUSZÜGE AUS DEN „DISPACCI DI GERMANIA"

(1618—1620).

1619. 8. Juni.

I.

Serenissimo Prencipe!

Mentre si pensava, che il Conte di Bucoi, con le Genti di Fiandra et altre dovesse far in Boemia gran progressi et invader Praga, il Conte della Torre, General de Boemi, partitosi di Moravia, passò all' improviso con barche, preparategli secretamente da Signori di questo paese, con 2500 Cavalli, 10.000 fanti et dodeci pezzi, di già dal Danubio quattro leghe discosto, contra l'espettation d'ogn 'uno, che per li ripari et Genti poste ai posti del detto Fiume, si credeva havergli impedito il passaggio, onde egli venutosi in un tratto adosso, si è alloggiato nei Borghi di questa città, il spavento de quali, pienissimo di Popolo, fù molto grande, che al primo aviso si salvò quasi tutto col meglio, che puote in essa, nella quale il timore et la confusione fù non minore; chiamate subito dentro le militie, che erano in Crems, assicurato con esse il Palazzo et persona del Rè, chiuse tutte le porte, tagliati i ponti d'esse et fatte tutte le provisioni, che si suole in una Città, che habbia il nemico su le fosse, et dentro la maggior parte del Popolo numerosissimo, che s'intende con esso; il giorno doppo li stati della Provincia, che si trovano qui, si ridussero subito insieme, et li Protestanti si dichiarono uniti et confederati con Boemi et instarno i Cattolici di far il medesimo, quali ricusando andarono da sua Maestà come fecero poco doppo i Protestanti, rinovando alla presenza di lei la predetta dichiaratione et instanza, et sopragionte nell' istesso tempo sopra la Piazza del Palazzo quattro Cornette di Cavalleria di quelle chiamate da Crems, corsa per la città voce, che essi Protestanti fossero fatti arrestar dal Rè, comminciò nel Popolo qualche tumulto, che vedendoli poi subito usciti, s'aquietò presto; si trova hora nella Città della soldatesca del Rè 2000 fanti, et 700 Cavalli, che notte et giorno battono le strade d'essa per assecurarsi da un tumulto Populare contro i Cattolici et che occupata qualche porta non introduchino il predetto Conte, che stà alloggiato intorno, impatronirsi senza alcun contrasto di quasi tutto il recinto d'essa, havendo la Maestà Sua ridotto dentro quasi tutta la sua gente, per assicurarsi dal detto tumulto, del quale s' ha molto da temere, per altro il Conte non hà forze, che possi pensar di sforzar una Città cosi forte, come questa, se ben le va sempre più crescendo per l'inclination dei Popoli per rispetto della Relliggione et perchè sin hora le sue genti non danneggiano alcuno, come fanno quelle del Rè, et va hora prendendo i buoni posti, et fortificandoli, credono molti et me l'ha confirmato l'Echembergh, che questa rissolution del Conte, che egli disse esser soldato molto valoroso, et prudente, sia per divertir la piena delle Genti di Fiandra, che soprastanno alla Boemia, et della quale temeno grandemente il che se è vero haverà esso Conte ottenuto in parte il suo intento, perchè il Rè spedi immediate à Bucoi, che invii subito qui qualche numero di quelle Genti, ma dovendo solamente hoggi una parte di esse gionger à Possa, et per quando s'intende molto strache, et il camino da Possa in già assai lungo, converàn tardar a' giongervi, spedi anco immediate la Maestà Sua Corriero al Capitano di Sthiria, con ordine d'impossessarsi subito del passo da questo à quella Provincia, la quale essendo Patria del Conte, abbandonata da lui quando il Rè escluse la Relliggione Protestante, si è lasciato intender, di voler penetrarvi, acciò con la Carinthia et Carniola, entrino nella confederatione, come per la loro mala dispositione si teme assai. Il Rè per questi cosi gravi accidenti, stà, come la Serenità Vestra puo pensare, et tratta tutto il giorno con li stati Protestanti, per indurli all' accordo, quali stano duri su molte dimande, et sopra che si espellino li Gesuiti dalla Città et Provincia in perpetuo, una chiesa in Viena per l'essercitio della lor Relliggione, l'approbation della confederatione predetta et altro, ma nello primo, che preme più al Rè di tutte, et non vuole sentir, stano essi tanto più fermi et essendo heri, con l'ascenso di Sua Maestà usciti in buon numero per trattar col Conte, rittornati qui et il Rè mandatili hoggi à chiamar, si sono scusati et richiesto maggior sicurezza, quando habbino à trovarsi con S. Maestà di novo; il che non è segno, che riportino dal Conte cosa di buono, le Genti del quale comminciando à scaramuciar sotto le mura della Città, il Rè, che habitava in stanze vicine, si è levato. La Dieta d'Ongeria, che doveva cominciar fra due giorni, non si sà, se per questo accidente sarà prorogata, per il quale tanto più si teme in essa di qualche cattiva rissolutione. Di quella di Francfort hora non si parla, se ben son partiti li Forieri, à far li quartieri per sua Maestà; et ha spedito di novo à Leopoldo, che se ne venghi con ogni diligenza, trovandosi lei rinchiusa qui dentro, et senza poter uscire, se il Conte della Torre non parte, et leva l'assedio, sperandosi, ché non possa lungamente continnarlo, et che quando intenda avicinarsi il Soccorso di Bucoi, habbia à levarsi, standosi tra tanto qui in continuo evidente pericolo, et in una carestia de viveri, che tutti solevan giornalmente venir di fuori, troppo grande, et si starà à védere se l'ellettor di Magonza, stante la presente impossibilità del Rè, di poter partir, prolungerà la detta Dieta. I Prencipi Uniti tengono un convento in Elprun, ma doppo, che han lasciato passar le Genti di Fiandra, son caduti appresso ógn' uno in concetto di gran debolezza, et in resolutione. Hoggi è gionto corriero di Fiandra et si divolga, portar al Rè, che la totale plenipotenza del Governo d'Austria, in loco dell' Arciduca Alberto li sarà quanto prima da sua Altezza inviata.

Di Viena al 8. Giugno 1619.

Zorzi Giustinian C. Ambr.

II.

1619. 8. Juni.

Serenissimo Prencipe!

Hora mi vien fatto sapere, che quello, che li stati Protestanti riportano dal Conte della Torre, è che se per tutt' hoggi non sarà accordato, di rechiamar quei Turchi et Tartari, che cosi li chiama, che sotto nome d'Ongeri sono stati fatti venire all' estirpatione di queste Provincie et fate fermar le Genti di Fiandra, dove hora si ritrovano, senza passar più oltre, che egli metterà à fero è foco questa Provincia et tutte l'altre sogette alla Casa d'Austria, ma che fatto quanto è predetto si tenirà una Dieta in Praga da tutte

le Provincie à 15 del presente, per rissolver le conditioni colle quali le medesime Provincie hanno per l'avenir à ricever la casa d'Austria, che con tal forma di parolle apunto ha parlato et senza nominar mai il Rè Ferdinando; sopra le quali conditioni non essendosi hoggi potuto rissolver cosa alcuna, gl' hanno li predetti Stati spedito per pigliar tempo per tutto dimani à trattar èt rissolver con sua Maestà.
Di Viena gl' 8. Giugno 1619.

Zorzi Giustinian C. Ambr.

1619. 22. Juni.

III.

M. A-Padavin (für den erkrankten Giustiniani) an den Dogen.

Bericht über das Gefecht bei Záblat und Nettoliz.

»Bucoi, uscito di Cremau, unito col Dampier Colonello de gl'Ongeri, volendo andar ad alloggiare alcune Genti in un luoco non molto discolto, fù avertito, che il nemico marchiava, con buon numero di Gente à quella volta, et mandato à riconoscerlo, fù rifferto, esser il conte di Mansfelt, che andava ad unirsi con il Conte d'Olach, il che inteso, et andato egli stesso di nuovo à riconoscere, ritrovandosi superiore di forze, deliberò di mandar il Dampier con certo poco numero d'Ongeri ad attacarlo, con ordine che s'andasse sempre rittirando, conducendo il nemico in un luoco molto vantaggioso, dove havea fatto come un imboscata; il che esseguito, prontamente dal Dampier et properamente sucessogli, attacò Bucoi la battaglia con tutto il nervo delle Genti, alle quali sopragiontegli adosso quasi all' improviso, non havendo il Mansfelt bene riconosciuto il numero d'esse, fù facile il metterlo in fuga, et essendosi quattro Insegne d'Infanteria, del predetto Conte di Mansfelt, rittirate in loco eminente, dove gagliardamente potevano diffendersi, et esser difficilmente attacate, fù consigliato il modo di combatterle et fù statuito di mandar gl'Ongeri, che più atti che gli altri erano stimati à ciò per l'agilità propria, et de loro Cavalli, spalleggiandoli poi col resto delle forze, et allettarli fù sparsa voce che quelle Genti havevano, oltre il resto, 25.000 talleri in contanti, inanimandoli con la speranza del bottino, senza la quale resta quasi affatto inutile nella Guerra quella Natione, et chiamati alcuni de loco capi, prontamente s'offerirono d'andare ad assalirle, pur, che fossero fatti por innanti due non molto grossi pezzi d'artigliaria, che erano nel Campo, il che concessogli, et veduto coloro l'animo rissoluto, che havevano d'attacarli et scoperta particolarmente l'artigliaria, fecero immediate segni d' arrendersi, à quali essendo corrisposto, senza aspettar pur un sol tirro di moschetto s'arrenderono, et furono fatti priggioni. In questa importante fattione, seguita prosperamente per le cose del Rè, qui vanno dicendo, che vi siano morti pochi dalla sua parte, et feriti pochissimi, fra quali un Nipote del Conte di Bucoi, et de nemici ne siano stati uccisi da mille cento, et fatti priggioni da mille trecento, guadagnate due Cornette di Cavalleria, una de quali era la Collonela, similmente siano state acquistate sette Insegne d'Infanteria, et fatto grosso bottino. Il Conte di Mansfelt, con alcuni altri si è salvato col mezzo della fuga et qui è stato detto, che nelle robbe particolari del detto Conte siano state ritrovate scritture orriginali de trattati de Signori Boemi con Vostra Serenità et Duca di Savoia, quali siano parimente state in copia del Conte di Bucoi mandate à sua Maestà, insieme con l'aviso della fattione per il Capitanio da lui spedito.

IV.

1619. 16. Nov.

Antelmi an den Dogen.

Gl' Ongari intanto in numero di 6^m cavalli sono gia passati il fiume à confini d'Austria: al primo aviso, che s'hebbe ne fossero passati alcuni con fabricar di qua dal Fiume un forte, per coprir et assicurar le barche, per il passo del rimanente; si deliberò, andasse Bucoi à quella volta: il quale partito con circa 3^m cavalli et tre pezzi di Canone, per batter esso forte, secondo h'avesse portato l'occasione, arrivato à Pruch qui in Austria verso Altembur confine del Ongeria, mandati innanzi alcuni Corritori (Plänkler) à riconoscer i nemici, trovò, ch'erano passati al numero detto di sopra. Commandò Bucoi, si ordinasse subito la sua gente et si avanzasse, et nel tempo stesso crescendo una nebia, che non lasciava distinguer la distanza degl' Ongari, si trovò non più d'un miglio lontano da loco: essi Ongari spinsero circa mille cavalli et commandò Bucoi al Regimento del Marada, che quelli incontrasse; trattenendo il resto della cavalleria; ma in veder anche gl'Ongari maggiore il numero delle genti di questa parte, di quello credevano, si rissolsero far retirrata, che segni con ogni buon ordine; voltando faccia ogni cento passo in mostra di voler combatter et forse con fine, che avanzando Bucoi la sua gente, potessero poi colla forza superiore di maggior numero di militia conseguir il colpo di tutta la vittoria per loro: qui dicono, che il detto Regimento del Marada non molto bene habbia fatta la parte sua: et Bucoi nel suo ritorno veduta una imboscata (Hinterhalt) de moschettieri de nemici, messa in posto, per aiutar in caso di bisogno la fattione, quando fosse seguita; la attorniò colla cavalleria et ne amazzò circa 400, quali però si diffesero bravamente: et della gente dell' Imperatore pur n' è morta et imparticolare il marchese Palavicino, luogotenente del Marada. Arrivato Bucoi in questa Città, doppo lasciata parte della cavalleria à guardar quei luoghi, che servono all' impedimento di maggior foro et ingresso in Austria, agl' Ongari: si divulgò la fama di questa tagliata fatta d'esso Bucoi con molta dilatatione del successo à suo favore: et in ogni modo si spedì dal Arciduca il Capitan Miati all' Imperatore, per dargli parte di quanto era succeduto.«

V.

Aus den Berichten V. Antelmi's.

1620. 25. Jänner.

L'andata di sua Maestà in Stiria si và differendo per le cose d'Ongaria. Ma come in Stiria medesima si sia principiata la Dieta, et vi si scoprono malissimi humori; passa concetto, di mandarvi il Sig.r d'Ecchembergh perchè a nome dell' Imperatore faccia degl' ufficii e procuri di apportar quei rimedii agl'interessi di S. M., che meglio gli ruiscirá di poter fare. Non ricusano quei stati di fare qualche donnativo all' Imperatore, ma vogliono lor sia conceduta la libertà di religione, l'uso, le chiese, et i predicanti, in tutto conforme alle concessioni gia fatte et che si tengono dal rimanente di Germania, in che l'Imperatore mentre era Arciduca, ha tanto premuto per non acconsentire nelli suoi stati hereditarii. Intendo, che Carintia si mostra più rissoluta et ardente, formentata dal calore d'esser vicina all' Ongaria*) et dal poter da quella parte ricever pronti gl'aiuti. Et si lascia intendere, che quando anche l'Imperatore conceda, quanto richiegono quei stati, non se ne fideranno: il che inferisce; che vorranno anche cautelarsi meglio, con venir all' Unione et alla confederatione con l'altre Provincie di Boemia, Ongaria, et Austria.

Già però tutte le robbe di poco, et molto valore, in confirmità di quanto scrissi et le giogie, ch'erano de passati Imperatori, sono state mandate a Graz in maniera che non é rimaso qui sene quel solo, che basta per l'uso di S. M.

Oltre le due rimessi de 200^m scudi gia avisate, che vennero al Ambr. cattolico, in Norimbergho ne sono stati rimessi da Genova altri 100^m, ma conforme alla rissolutione gia fatta, non sono stati da Norimbergho qui ricapitati, onde l'Ambasciator ha scritto che per la via di Spruch siano fatti

---

*) Sollte diesem Lapsus eine Verwechslung mit Krain zu Grunde liegen?

venir in tanto di quello .... di Genova: et il suo fine sarà di conventirli in taleri di bassa liga et cavarne grosissimo utile, come hà gia principiato et d'ogni altra cosa fà inchieta et mercantia ancora. Ma questi soccorsi scarsi et ritardati non solevano il grandissimo bisogno dell' Imperatore.

1620. 1. Febr.

Nella Dieta di Stiria sono già seguiti quattro congressi et confirmatamente rissoluto, di voler dall' Imperatore la concessione dell' essercitio et della confessione con Boemi et altre provincie. Et l'Ecchember è stato tutti questi giorni in procinto di partire di quelle parti; mà è rimaso per questa nuova trattatione d'Ongaria, et per gl'avisi poi forse anche della costanza dei stati di Stiria et Carinthia nelli due punti sodetti, che voglino conseguire; per redursi esse Provincie nella maniera et sola apparenza dell' altre soggetti all' Imperatore.

1620. 8. Febr.

E' partito finalmente l'Ecchember verso Stiria, per ritrovarsi nella Dieta, tenuta da quei stati, et degl' altri di Carintia in Lubiana. Continuano l' aviso della rissolutione loro, in chiedere à S. M. il libero essercitio et la confederatione con Boemi: et questa vogliono anche, per assicurarsi, che, ne presenti disturbi dell' Imperatore da tante parti indebolito et oppresso, convenendo esser poca pronta et sufficiente la protettione, et diffesa di dette due Provincie; non habbino li Boemi ad andarvi à fare delle scorrerie, et de danni, come pur alcuna voce camina, che sia ciò per seguire à primo tempo: in maniera che dall' andata del medesimo Ecchember, anche si lungamente differita, poco frutto si può prettendere di ricevere. Hora qui sono dietro, non trovando denari, à pigliar panni di lana da alcuni mercanti, per dar con essi qualche sodisfattione à conto di paghe à soldati, et per mandarne alli pressidii di Stiria et Carintia imparticolare, che per esser à confini dell' Ongaria sono pericolosi assai, et ne vengono strepiti de quei soldati et continue instanze: dalla Camera nel pigliar et dare li medesimi panni nel prezzo et nella misura quando si conclude il partito, si procurera, come s' é tali altre volte, avantaggiare con li poveri soldati l'interesse dell' Imperatore. Un quantità de mazzi de gubellini per 40^m scudi, ch' erano di Rodolfo et di Mathias, il S^r d'Arach guardarobba maggiore tiene in casa sua, per vendere: ne voleva trovar sopra 20^m fiorini, ma non ha potuto prontamente farne il partito: qualche gigia restata, oltre le mandate à Graz si procura di vender: et oltre l'argentoria già battuta et quella inviata col resto delle robbe nella detta Città: certa quantità rimasa qui, pur si batte per far denari, andando molto trattenuto et scarso l'Amb^r di Spagna ad esseguir esborsi con le rimesse sin qui havute, et à soccorrer ai bisogni dell' Imperatore. Ginnovesi hanno rissoluto dar à S. M. 30^m fiorini per una volta; et si scusano non poter far d'avantaggio, per haver havuto per sei anni à fianchi il suo stato la guerra. Della somma si tratta con questi mercanti di haver anticipatamente la venuta dei riecapiti che si aspettano da Genoa. Mà come li mercanti medesimi dagl' interessi gravi, che tengono alla camera per le promesse, per li assignamenti, che non hanno effetto, per le contributioni, che continuamente pagano, per l'interrompimento de commertii ancora, si trovino in gran stretezza ogni tentativo de questi ministri per trovar modo di dar paghe à militie, incontro nelle difficoltà. Tutte esse militie dimandono alcun soccorso, et ne segue nella dilatione del darglielo continui svaloppi, infiniti danni à questo povero paese, et à capi poco rispetto ancora. Et l'altro giorno un Capitano, et Compagnia del regimento del Conte di Collalto, nel cortile di Palazzo in faccia à S. M. dipose l'Insegna, il tamburo, l'arme; et vi fù necessaria appunto la rissolutione, et la bravura del Colonello perche fossero ripigliate. Anche il medesimo Bucoi ha fatto querelle per haver suoi stipendii prima di partire, per pagar mercanti à quali deve grossamente.

1620. 29. Febr.

In Stiria dicono, che le cose non siano per passar male, hanno gl'heretici di quella Provincia et di Carintia ottenuta la sodisfattione, che stimavano assai d'haver le chiave di Clanfort; che gl' erano state tolte: tutto trattenendosi l'Ecchember lontano dall' Imperatore, pur si conviene haver sospetto del fine, che habbia d'haver quella Dieta. Et se le cose d'Ongaria presto si manifestano di nuovo turbate, anche quelle due Provincie é tenuto habbino à far movimenti et alterrationi.

1620. 14. März.

Hanno mandata li Stati di Stiria et Carintia la loro scrittura all' Imperatore, con le vive et efficaci instanze; perchè concedi a quelle Provincie il libero essercitio; et possino in due posti, che rieschino commodi nel paese, fabricare due chiese: In che il fine non è d'usar gl'ufficii della lor religione solamente: mà d'haver due commodità da potervi esseguire le riduttioni et li congressi loro. A queste instanze, che sono dispiacciuti assai all' Imperatore, non s'ha per anco formata rissolutione, di dare alcuna risposta, ma per ogni mezzo termine, che vi si prendi, ne si dia l'intiera sodisfattione alle riechieste.

1620. 21. März.

»Alla scrittura di Stiria et Carintia non s'è data anche risposta, ma sempre più crescino gl'avisi, che voglino nelle due dimande del essercitio et delle Chiese esser compiacciuti. Da Stiria sono ultimamente venuti 300 fanti, fatti levare dal Fucari per riempir il suo terzo.«

— 28. März.

»Da nuovi mottivi dell' Ongaria intendo da buoni avisi, habbino à dipendere gran rivolutioni in Stiria, Carintia et Carniola, aspettando dette Provincie di ricever il motto dall' arme degl' Ongari, et ferme et rissolute resistono nel instar all' Imperatore, che la concedi due chiese in cadauna d'esse, per farvi il publico essercitio et volersene poi per i loro congressi et deliberationi insieme nelle facende del paese.«

25. April.

»In Stiria et Carintia però i mali humori si conservono; la diffidenza d'esser compiacciuti nelle instanze de privileggi et di chiese augumenta la perturbatione degl' animi; et non dubio, che nella continuatione di questi turbini si dilatino anche ne lor paesi i danni della guerra; hanno la mira da quel male cavar il bene di congiongersi colle Provincie, et col Ongaria imparticolare. Et in questi propositi mi è stato detto da suddito devoto di Sua Ser.»che i sudditi in (chiffrirt) confinanti al stato di lei, volontieri si darianno alla sua placida benigna protettione et governo.

25. April.

In Vienna si continuano le fortificationi; il baloardo alzato alla parte del Palazzo del Imperatore è ridotto à perfettione; all' incontro nella contrascarpa della fossa gl'hanno fatto anche una strada aperta, per mettervi gente, combatter e tener lontano il nemico. Alla porta rossa oltre la spianata, fabricano una piata forma soprabese gia gran pezzo piantata al fiume; et assicurerà meglio la diffesa delli baloardi, che gli restano dell' una et dell' altra parte: Pur incamisano altro baloardo, che minava alla porta de luterani, et de alcuni giorni è commosso, che le porte della città si serrino due ore avanti notte. Si è dato ordine, che si conduchino in Viena i viveri per tante leghe all'intorno; ma non viene ubbedito. Voleva anche l'Imperatore metter impositione sopra il vino, et non si è prestato l'assenso; si come questo et ogni altra cosa sempre più monta ad una carestia estrema. Si è pure deliberato distruggere tutte le case, giardini et borghi della città, ch'é quanto di buono havesse Viena, come se si trattasse d'haver fra momenti un essercito a fianchi; et tuttavia oltre i nemici esterni, che si temono; si fortifica la città medesima, et rimagono in essa li Borghesi stessi, per la maggior parte heretici, et nemici ancora; che per certo insulto fatto da soldati alla lor chiesa, vi andarono l'altro giorno tutti armati; onde malamente si vede, sia stato esseguito i mesi passati il levar loro l'arme et i pericoli di alcuna interna, pregiuditialissima solevatione.

1620. 2. Mai.

Le Provincie di Stiria, Carintia et Carniola hanno rissoluto di spedir d'Ambar[i] à S. M. per haver il libero essercitio et le Chiese richieste, et mostrano lettere de Signo[ri] Boemi, che le essortano, à sostentare et procurare l'effetto delle loro instanze et desiderii, promettendo alle medesime Provincie la viva et piena assistenza delli aiuti et forze di Boemia, alle quale s'aggiongeranno quelle dell' Ongeria insieme. Per ciò s'é rissoluto di spedir il Cameriero Mag^re di Stiria à Graz, perchè vedi di sturbare si essequischi la missione di detta Ambasciatoria e tentare con gl'ufficii la moderatione de pensieri et animi de quei stati et contravenire all' essortationi et offerti, che son fatte da Boemi « —

1620. 23. Mai.

— — Da Graz é ritornato il Camerier maggior, che vi si é trattenuto qualche giorno di più di quello haverebbe fatto per la morte del maresciale del paese; che se bene eretico, era molto devoto al servitio dell' Imperatore. Intendo, che con promessi di buone parole rimene per hora temperati gl'animi di quei sudditi; tenendosi però in Graz militie straordinarie et guardie, come in Viena: S' é detto, che dovessero i Principi figli dell' Imperatore venir in questa città per fuggir la spesa di più case, mà non si conferma, habbia ad essequirsi, seben sempre maggiore si faccia la penuria del denaro et le lameniationi dell' essercito.